SOLO
AUF
SEE

Gabi Schenkel

SOLO AUF SEE

Eine Frau rudert über
den Atlantik und entdeckt
die Kraft der Einsamkeit

Inhalt

28° 5.30 N, 017° 6.49 W – La Gomera   7

26° 59.32 N, 018° 8.45 W – Neustart   25

26° 45.86 N, 018° 16.61 W – Fieber   37

26° 1.99 N, 018° 29.06 W – Stillstand   45

24° 13.93 N, 021° 35.86 W – Weihnachten   55

23° 20.48 N, 022° 24.73 W – Reggie   69

22° 42.71 N, 023° 11.15 W – Heilung   79

22° 21.87 N, 024° 9.60 W – Tischbeine   93

21° 37.65 N, 025° 48.13 W – Silvester   107

21° 18.55 N, 026° 54.88 W – Begegnung   117

21° 8.01 N, 027° 38.06 W – Wellengespräche   125

20° 9.90 N, 032° 9.01 W – Geisterwelle   141

20° 9.90 N, 032° 9.01 W – Reset   151

18° 39.40 N, 039° 10.13 W – Alltag   161

17° 18.28 N, 042° 59.83 W – Dancing Queen   171

17° 27.09 N, 049° 4.76 W – Kräftemessen   181

16° 49.98 N, 055° 43.38 W – Umwege   191

16° 54.91 N, 058° 28.77 W – The Final Countdown   205

17° 0.45 N, 061° 45.88 W – Antigua   217

Was dann kam   227

Gabis Playlist   235

28° 5.30 N, 017° 6.49 W – La Gomera

»Hoffentlich habe ich nichts vergessen«, versucht sich mein Kopf in den Vordergrund zu drängen. Gedanken, wie sie oft vor Aufbruch in die Ferien oder zu Beginn einer Reise aufkommen. Normalerweise sind die wichtigsten Dinge mein Pass und eine Kreditkarte. Beides habe ich heute eingepackt, auch wenn sie auf dieser Reise, die in Kürze beginnt, nicht denselben Stellenwert haben werden.

Meine innere Nervosität hat ein Ausmaß angenommen, das ich in dieser Form nicht kenne. Mein Körper scheint so angespannt zu sein, als würde er in einem Schraubstock stecken, die Nerven dem Zerreißen nahe wie überspannte Saiten einer Gitarre. Doch spüre ich meinen Körper, bis auf ein Ziehen in der Magengegend, gar nicht. Meine Atmung geht flach, ich schalte innerlich auf Autopilot um. Kontrolliert und fast mechanisch tätige ich die nächsten Handgriffe. Kabinentür schließen, Klettergurt zuziehen, Karabiner der Sicherheitsleine am Strecktau neben meinem Rollsitz sichern. Ich sitze auf meinem Boot, der Miss Universe, höre die letzten Worte von Carsten, dem Direktor der Regattaorganisation Atlantic Campaigns, während er mir zum Abschied die Hand reicht.

»Ich werde dich in Antigua wiedersehen!«

Die Verantwortlichen des Sicherheitsteams lösen meine Leinen und stoßen mein Boot vom Steg ab. Mein Herz macht einen kleinen Satz, als möchte es aus meinem Körper raus wieder zurück an Land hüpfen. Ich atme tief ein und weiß, dass ich das kann. Ich werde über diesen Ozean rudern. Aufmerksam steuere ich mein Boot in Richtung Hafenausgang und nehme noch schwach die Rufe der mir zujubelnden Menschen auf der Hafenmauer wahr. Ich pflanze mir automatisch ein Lächeln aufs Gesicht, welches meinen Körper noch nicht zu entspannen vermag.

Das Signalhorn zu meinem offiziellen Start ertönt in dem Moment, als ich am Ende der Hafenmauer vorbeigleite und rechts von mir das große Banner mit »3,000 miles to go« in mein Blickfeld rückt.

»Jetzt nur keinen Fehler beim Steuern machen«, flüstere ich mir zu, denn erstaunlich viele Augenpaare verfolgen mich noch immer von dem kleinen Platz am Ende der Hafenmauer aus, an der nun kein Ruderboot mehr befestigt ist. Ich bin die Letzte, die sich auf den Weg macht. Irgendwie fühlt sich alles surreal an. Ich bin unterwegs und doch nicht wirklich auf dem Boot. Alles ist irgendwie viel zu viel für meine Sinne.

Mit einem lauten Böllerschuss wird mein Abschied allen Zurückbleibenden und mir nochmals verdeutlicht. Jetzt kann ich meinen Blick vom Hafen lösen. Ich atme tief durch und merke, wie sich die Anspannung der vergangenen zwei Wochen löst und durch eine neue ersetzt wird. Ich bin zwar locker aus dem kleinen Hafen herausgekommen, aber die Insel ist immer noch sehr nah.

»Jetzt nur keine peinliche Kollision mit den Klippen links von mir bauen«, schießt es mir durch den Kopf, und ich schlage mir in Gedanken die Hand an die Stirn, denn das Fiasko nimmt vor meinem inneren Auge bereits Formen an. Das Steuerruder ist fixiert, und der Autopilot ist noch ausgeschaltet. Mit den Rudern steuere ich meine Miss Universe durch die Bahn, die mit gelben runden Bojen markiert ist. Immer wieder drehe ich mich um, um die Richtung anzupassen, damit ich die letzte rote Markierung vor dem offenen Meer nicht touchiere. Die Anfahrtsschneise des Hafens von San Sebastian fühlt sich einengend an, und ich bin froh, als ich endlich das Ende des Wellenbrechers rechts von mir passiere. Mit jedem Ruderschlag komme ich aus dieser beklemmenden Enge heraus, atme freier und fühle, wie mich die Weite des Ozeans begrüßt.

Im Vergleich zur Trainingsausfahrt vor zwei Tagen bläst der Wind stärker. Mit meinem Telefon mache ich ein letztes Foto mit dem Blick auf La Gomera und frage mich, wie sich wohl Christoph Kolumbus gefühlt hat, als er denselben Hafen vor Hunderten von Jahren in Richtung Antigua verlassen hat. Schnell lasse ich den Gedanken wieder los, denn Kolumbus' Boot war viel größer, und er hatte ja auch eine Menge Segel und eine größere Crew. Mich mit ihm zu vergleichen, wäre, wie Äpfel und Birnen nebeneinanderzulegen, beides Früchte, aber doch anders. Zudem sind die Wellen nun bereits ruppiger, als ich das von all meinen Trainingsfahrten kenne. Ich schalte den Autopiloten an, damit er das Steuern übernimmt. Ich habe ihn auf den Namen Rudy getauft. Er ist ja irgendwie mein Steuermann an Bord, da kann ich ihn ruhig personifizieren.

Mein Magen sendet leichte Signale. Es ist ihm nicht so wohl, und er würde die kleinen Happen Tortilla, die ich vor einer Stunde im Hafen noch hinuntergewürgt habe, gern ans Meer abgeben. Das kann ja wohl nicht sein, dass ich bereits jetzt seekrank werde! Was ist mit dem Anti-Seekrankheits-Pflaster hinter meinem rechten Ohr, das auf der Trainingsfahrt so gut funktioniert hat? Da war ich ja auch nervös, weil ich mir mit zwanzig Knoten Gegenwind ein Kräftemessen geliefert hatte, als ich wieder in den Hafen hineinrudern wollte. Steffi vom Team RowHHome aus Deutschland hatte mich gesehen und sich gefragt, wie ich das allein schaffe, denn sie hatten als Team zu viert schon Mühe, den Hafen zu erreichen.

Nervosität ist der größte Treiber, wenn es um Seekrankheit geht. So wurde es mir jedenfalls von erfahrenen Ozeanruderern und Seglern bestätigt. Okay, das heißt also, dass ich diese Seekrankheit durch ein Reduzieren meiner Nervosität in den Griff kriegen kann. Aus Erfahrung klappt das für mich am besten, wenn ich mich mit anderen Dingen beschäftige und so den Grund meiner Nervosität ausblende. Mein Blick sucht auf dem Wasser nach Ablenkung. Ich bleibe am Boot von John Davidson hängen, der ohne Orientierung auf dem Wasser zu treiben scheint. Er ist auch ein Soloruderer. Ich erblicke Manfred, den Skipper der Support-Jacht Skye, der auch die Sicherheit der Ruderboote im Hafen mit seinen Manövrierkünsten auf dem Jetski gewährleistet. Jetzt ist Manfred mitsamt Jetski bei Johns Boot. Erstaunlicherweise scheine ich bereits an ihm vorbeigerudert zu sein, obschon er eine Viertelstunde vor mir gestartet ist. Ich hoffe, dass bei John alles in Ordnung ist. Später werde ich erfahren, dass er mit verhedderten Steuerseilen zu kämpfen hatte. Weiter rechts erkenne ich in der Ferne das Boot eines weiteren Soloruderers. Carl Plaschert scheint mit dem Wind und den Wellen auch noch nicht klarzukommen.

Fürs Erste funktioniert mein Seekrankheitsablenkungsmanöver. Dass ich meine zwei Mitruderer auf ihren Booten sehe, fühlt sich gut an. Offenbar stelle ich mich aktuell recht ordentlich an und bin froh, die rote Laterne, die mir mit dem letzten Startplatz mit auf den Weg gegeben wurde, temporär abzugeben. Ich weiß, wir sind erst auf den ersten Seemeilen, und es wird noch viel passieren. Und es ist ja auch total egal, auf welchem Platz ich rudere und ankomme. Mit einem Schmunzeln erinnere ich mich an die vielen Berg- und Ultraläufe, bei denen ich mit viel zu rasantem Tempo gestartet war und meine haushohen Erwartungen bereits nach wenigen Kilometern über den Haufen werfen musste. Ein wenig Wettkampfverhalten habe auch ich in mir, es ist nicht sehr ausgeprägt und hartnäckig, aber doch existent. Anders als bei den Bergläufen sehe ich aber bereits jetzt keine meiner Konkurrenten mehr, und ich konzentriere mich voll auf mich selbst.

Ich habe den Schutz der Insel La Gomera verlassen, sehe rechts von mir in der Ferne den Teide, den Vulkan auf der Insel Teneriffa, und hoffe, dass ich ihn bald nicht mehr in meinem Blickfeld habe. Gern würde ich auf der Anzeige rechts neben der Kabinentür, direkt vor mir, ablesen, wie weit ich bereits gerudert bin, einfach fürs gute Gefühl. Die Mischung aus Nervosität und Übelkeit lässt dies aber nicht zu, weil sich die Zahlen sofort zu einem diffusen und unlesbaren Fleck formieren. Mir ist unglaublich schlecht, und der Happen Tortilla in meinem Magen findet doch noch seinen Weg, als Fischfutter im Meer wiederverwertet werden zu können. Immer wieder hole ich tief Luft, in der Hoffnung, mein System zu beruhigen.

Die Wellen sind jetzt auf eine Größe angewachsen, wie ich sie aus dem Training nicht kenne. Sie kommen nicht nur in einem 45-Grad-Winkel zur Achse des Bootes von links, sondern auch von rechts! Autopilot Rudy arbeitet auf Hochtouren, um meine Miss Universe auf Kurs zu halten, und ich gebe mein Bestes, ihn mit den Rudern zu unterstützen. Mit höchster Konzentration versuche ich zu antizipieren, von welcher Seite die nächste Welle kommt. Es fühlt sich einerseits wie ein Spiel an, bei dem ich immer wieder ein Level weiterkomme, andererseits fühle ich mich wie ein Spielball, den sich die Wellen zuwerfen. Derart starkes Schaukeln habe ich noch nie erlebt.

Ich habe den Hafen von San Sebastian erst vor knapp zwei Stunden verlassen. Meine Versuche, die aufsteigende Nervosität und die damit verbundene Übelkeit in Schach zu halten, sind kläglich gescheitert. Es ist mir richtig übel, und ich fühle mich elend. Ich hoffe, dass ich mich schnell an dieses Schaukeln gewöhne, und sende ein kleines Stoßgebet an den Wirkstoff im Pflaster. Immer wieder lasse ich mein rechtes Ruder für zwei Sekunden los und vergewissere mich, dass das Pflaster auch wirklich noch hinter meinem rechten Ohr klebt. Dann rudere und kämpfe ich weiter. Es kann ja nicht die ganze Zeit so schlimme Wellenbewegungen geben. Ich höre die Worte »Du hast dich ja für all das angemeldet« von anderen Ozeanruderern, die eine oder mehrere Überquerungen erfolgreich beendet haben. Ja, ich habe mich angemeldet, aber wofür im Detail, wird mir jetzt erstmals klar. Tief in mir drin, trotz der Unruhe um mein Boot herum, weiß ich, dass ich diese Überquerung schaffe. Das Bauchgefühl ist unverändert wie damals am 15. Oktober 2018.

12. Dezember 2017. Wie gewohnt stieg ich in die S-Bahn in Richtung Zürich, um in meine Praxis zu fahren. Ich erblickte ein freies Viererabteil und steuerte zielgerichtet darauf zu. Ich ergriff die Gratiszeitung, die auf einem der Fensterplätze lag.

»Start verschoben« las ich auf der Titelseite, darunter das Bild einer Gruppe attraktiver junger Männer, die in die Kamera blickten. Ich überflog den Artikel und blieb hängen. Die ruderten über den Atlantik? Wie cool war das denn? Zu keinem Zeitpunkt fragte ich mich, was das alles beinhaltete. Die Idee war einfach spannend, und am selben Tag recherchierte ich online, was es zu diesem

Event zu wissen gab. Zusätzlich lud ich die Tracking-App auf mein Telefon. Bis zur Ankunft des Teams Swiss Mocean war ich ein Fan, verpasste kein Update des neuen Standortes, der alle vier Stunden aktualisiert wurde, und las beinahe jeden Zeitungsartikel und jedes Interview der vier Männer. Auf die Frage »Was passiert jetzt mit dem Boot?« nach der erfolgreichen Überquerung lautete die Antwort, dass sie hofften, es verkaufen zu können, und dass in der Schweiz eine Tradition gestartet würde.

»Ha«, dachte ich, »ist ja logisch, dass es jetzt eine Frauentruppe geben wird, die das auch macht.«

Spontan aktivierte ich mein stillgelegtes Facebook-Profil mit meinem Starbucks-Namen Camille (das ist der Name, der auf dem Becher steht, wenn der Barista nicht genau hört, was gesagt wird) und kontaktierte das Team. Ich sei zwar noch nie gerudert, sei aber durch meine jahrelange Ultramarathonerfahrung mental sehr stark und würde mich, falls sich ein Frauenteam formiere, gern empfehlen. Völlig unerwartet erhielt ich innerhalb von wenigen Stunden eine Antwort. Sie würden sich nach ihrer Rückkehr in die Schweiz gern unverbindlich mit mir treffen und austauschen. Am nächsten Tag erhielt ich dann auch noch eine Nachricht der Mutter eines der Teammitglieder, die am selben Tag ebenfalls die Idee hatte, ein Frauenteam zu gründen.

Meinen Freunden erzählte ich anfangs noch nicht viel von meiner Idee, meine Familie war nicht nur alles andere als begeistert, sondern geradezu desinteressiert. Niemand von uns hatte jemals etwas mit Rudern zu tun gehabt. Ich ließ mich jedoch von dieser ersten Reaktion nicht abschrecken, wenngleich ich zu diesem Zeitpunkt noch nie in meinem Leben in einem Ruderboot oder auf einem Ruderergometer gesessen bin. Aber das konnte ich ja nachholen und lernen.

Im Februar 2018 traf ich mich mit Marlin von Swiss Mocean und Tatiana, einer möglichen Mitstreiterin. Ich war sofort von einer leichten Nervosität befallen, die ich zunächst dem neuen und spannenden Projekt zuschrieb, das sich über die nächsten Monate weiterentwickeln würde. Zu zweit setzten Tatiana und ich uns mit der grundlegenden Frage, was es für ein gutes Team braucht, auseinander. Über verschiedene Kanäle haben wir uns aufgemacht, zwei weitere Frauen zu finden, die mit uns ein Viererteam bilden würden. Zwei Reisen nach Holland – einmal, um das Boot des Swiss-Mocean-Teams zu holen, einmal, um mit Rekordruderer Mark Slats eine Ausfahrt auf der Nordsee zu machen – haben auch bezüglich der Bootswahl neue Bedingungen geschaffen. Wir entschieden uns für ein neues Design, das als Prototyp mit uns den Atlantik überqueren sollte.

Bereits im Sommer zuvor hatte ich eine mehrwöchige USA-Reise mit einem Start bei einem Ultramarathon geplant. Dafür musste ich ausreichend Zeit fürs Lauftraining einplanen und hatte von Anfang an kommuniziert, vor Mitte August 2018 keinen Ruderanfängerkurs besuchen zu können. Während meiner USA-Reise bekam unsere Truppe Zuwachs, und nach meiner Rückkehr waren wir offiziell zu dritt. Doch dann kam Unruhe ins Team. Charaktereigenschaften und Prioritäten kamen immer mehr zum Vorschein und trübten die Vorbereitungen. Mitte August 2018 trafen wir uns zu einem klärenden Gespräch. Nun wurde mir klar, weshalb ich bereits im Februar diese Nervosität verspürt hatte. Es war immer eine kleine Unsicherheit da, die ich aber weit weggeschoben hatte, weil ich die Idee der Atlantiküberquerung unbedingt realisieren wollte. Nun spürte ich von einer Sekunde auf die andere, dass diese Konstellation mit uns drei Frauen nicht funktionieren würde.

Wie kam ich da nun wieder raus? Und was hieß das für mich? Ich entschuldigte mich kurz und suchte die Toilette auf. Da saß ich und fragte mich: »*Würdest du diese Überquerung auch allein machen?*« *Sofort kam eine klare Antwort aus dem Bauch heraus.*

JA.

Und gleich im Anschluss meldete sich mein Kopf: »*Aber zu zweit oder zu viert wäre es schon viel einfacher, kürzer, und die Arbeit könnte besser aufgeteilt werden.*«

Wir drei haben uns schließlich darauf geeinigt, dass sich unsere Wege in Richtung Atlantik trennen würden. Ich erwähnte, dass ich mir andere Teammitglieder suchen wolle, und wir beschlossen, uns bezüglich des Fortschritts unserer nun eigenen Projekte auf dem Laufenden zu halten. Von einem Moment auf den anderen war die Nervosität, die mich seit Februar begleitet hatte, verschwunden. Ich wusste zwar noch nicht, wie die nächsten Schritte aussehen würden, aber dieser Abend war wichtig und richtungsweisend, so viel wusste ich.

Der Seeclub Richterswil, gute fünf Kilometer von meinem Wohnort entfernt, bietet Anfängerkurse im Rudern an. Ich lernte die korrekte Rudertechnik und verbrachte wertvolle Momente mit anderen Anfängern auf dem Zürichsee. Ich kann mich zwar gut anpassen und im Takt mitrudern, doch erblickte ich während des Trainings immer wieder Dinge, für die ich gern kurz anhalten oder ein Foto machen wollte. Leider war dies in der Gruppe meist nicht möglich, und mir wurde immer bewusster, dass die Option, mich im Zweierteam auf die große Reise zu begeben, die ideale Lösung für mich wäre. So wären wir immer in Bewegung, und ich wäre nicht auf mich allein gestellt, hätte aber auch die Möglichkeit, ab und zu Raum und Momente nur für mich zu haben.

Die Suche nach einer zweiten Person gestaltete sich schwierig. Die meisten Seeruderer sind an kurze, schnelle Distanzen gewöhnt und können sich eine Atlantiküberquerung schlecht vorstellen. In Gedanken schloss ich mich ihnen an, auch ich wusste überhaupt nicht, wie ich das bewerkstelligen sollte. Zwei Frauen bekundeten ihr Interesse, doch die eine befürchtete, mental nicht stark genug zu sein, und die andere meldete sich nicht wieder. Ich schloss meinen Ruderkurs ab und freute mich auf die Diplomfeier am 16. Oktober 2018.

Am 15. Oktober 2018 wachte ich auf, und noch während ich in meinem Bett lag, wusste ich, dass ich den Atlantik allein überqueren würde. Ein Bauchentscheid braucht keine Begründung, das Gefühl, dass es die richtige Entscheidung ist, bringt jeden »Aber-Gedanken« zum Verstummen. Und so war es an diesem Tag im Oktober 2018.

Die Dämmerung ist angebrochen, ich bin nun seit bald fünf Stunden unterwegs.

»Es ist ganz wichtig, dass du ausreichend isst«, höre ich mich sagen. Mein Magen legt sofort sein Veto ein und dreht sich schon beim bloßen Gedanken an Essen beinahe um die eigene Achse. Zum Glück habe ich noch eine von den Tortillas, die mir meine Freundin Nadine zubereitet hatte, griffbereit. Vielleicht würde ich den einen oder anderen Bissen nachher in der Kabine essen können.

Seit Stunden ohne Pause versuche ich, den Kurs zu halten, der mich zum ersten Wegpunkt bringen soll, damit ich aus der Region der Inseln rauskomme. Da die Winde sich den Weg zwischen den Inseln suchen und teilweise Wirbel kreieren, die mich ungünstig in den Norden leiten könnten, ist es wichtig, dass ich mich aus der potenziellen Gefahrenzone herausbewege. Physisch ist es sehr anstrengend, mental fühle ich mich bereits, als wäre ich einen Marathon gelaufen. In einer kurzen Pause streife ich mir die langen Tights, die Regenhose und das Regenoberteil über. Es ist auf dem Wasser merklich kühler als auf der Insel. Das Wasser schwappt dabei immer wieder aufs Boot, meine Füße sind nass, doch ich nehme die Nässe kaum wahr. Mit Mühe schaffe ich es, mein Boot wieder in die ideale Achse zu bringen, indem ich nur mit dem linken Ruder arbeite.

Unterdessen ist es schon fast dunkel, und ich kann die Lichter der Inseln als Orientierungspunkte nutzen. Es scheint, dass mein Gleichgewichtsgefühl so etwas weniger mit dem unglücklichen Magen kommuniziert und mir nicht noch übler wird. Die Wellen sind weiterhin groß und durch die Dunkelheit fast nicht mehr zu erkennen. Antizipieren wird immer schwieriger, und mein Boot dreht sich immer wieder parallel zu den Wellen, die von meiner linken Seite auf mich zukommen. Nach gefühlten 15 Versuchen dreht mich eine Welle wieder, und für einen kurzen Moment lasse ich meine Ruder los, um mich an der Reling festzuhalten. Dies geschieht alles instinktiv, denn ich sehe nicht, wie die große Welle von links heranrollt und meine Miss Universe um ihre Längsachse neunzig Grad nach rechts kippt. Wasser läuft kurz ins Boot hinein und bedeckt das gesamte Deck. Mit einem Ruck richtet sich mein Boot wieder auf. Es ist zum Glück so gebaut, dass dies ohne mein Mitwirken automatisch geschieht. Sofort ergreifen meine Hände wieder die Ruder. Das linke ist frei, das rechte scheint blockiert zu sein. Mit etwas Druck versuche ich, es zu lösen, ohne zu wissen, warum es sich nicht bewegen lässt. Die nächsten Wellen kommen bereits, und ich reiße nun mit mehr Kraft.

Keine Bewegung.

Ich bin total ratlos. Mit meiner Stirnlampe beleuchte ich das Ruder. Normalerweise sind die ersten paar Zentimeter unter der Wasseroberfläche sichtbar. Ich sehe nur schwarzes Wasser. Nochmals versuche ich, das Ruder mit ruckartigem Kraftaufwand zu bewegen. Und da sehe ich es. Ungläubig erstarre ich für ein paar Sekunden. Das Ruder ist gebrochen und steckt in einem Winkel von neunzig Grad unter dem Boot fest.

»Neeeein!«, entfährt mir ein Schrei, und meine Gedanken rasen auf einer Autobahn in Richtung Horrorszenario. Mein erstes Ruder ist gebrochen, ich bin noch nicht mal zwanzig Meilen weit gerudert und habe nur noch ein weiteres Ersatzruder. Was ist, wenn mir in den nächsten Tagen ein zweites Ruder bricht und dann mitten im Atlantik, weit weg vom Festland, noch ein drittes? Tränen schießen mir in die Augen, und ich schluchze für eine Minute. Ich weiß nicht, ob vor Erschöpfung oder aus meinem Gedankenkonstrukt heraus.

Nachher werde ich das Sicherheitsteam des Organisators Atlantic Campaigns benachrichtigen. Zuerst sichere ich aber das noch intakte Ruder und hole das defekte an Bord. Es ist wie ein Streichholz auseinandergebrochen. Ja, es ist aus Carbon, einem Material, das nur schwer brechen kann, aber die immense Kraft des Wassers ist an der Bruchstelle beinahe spürbar. Mein Respekt vor diesem Unterfangen wächst im Eiltempo, die Grenze hin zur Angst erreiche ich jedoch nicht. Mit Dankbarkeit erinnere ich mich an die intensive Trainingszeit im Vorfeld, welche mich auf Dinge vorbereitet hatte, die nicht geübt werden können.

Die Entscheidung, allein den Atlantik zu überqueren, erforderte zahlreiche weitere Entscheidungen. Eine davon war die Bootswahl. Mark Slats, der mich mit seiner Begeisterung fürs Ozeanrudern im Frühjahr 2018 angesteckt hatte, befand sich nun im Oktober mitten auf einer Soloweltumsegelung. So kontaktierte ich seinen Freund John, der mich zusammen mit dem Bootsarchitekten Dick im November für einen Tag in Holland empfing, um das Projekt persönlich zu besprechen. Ich hatte sofort ein gutes Gefühl bei der Vorstellung, mit ihnen die nächsten Schritte zu unternehmen. Die Bootspläne und das Design wurden im Dezember von der Organisation Atlantic Campaigns zugelassen, und mein Boot wurde im Verlauf der nächsten sieben Monate gebaut. Es sollte eine Aluminiumkonstruktion werden, 7,4 Meter lang, 1,8 Meter breit, mit satten 625 Kilogramm Leergewicht.

Ich bin von jeher ein Sommergemüse, und so kam es für mich nicht infrage, im Winter draußen zu rudern. Zum Glück stand ein neues Ruderergometer in meinem Wohnzimmer. Regelmäßig schaute ich nun während des Trainings diverse Serien. Natürlich wusste ich, dass ich nicht nur mit der richtigen Technik und einem starken Willen über den Atlantik würde rudern können. Krafttraining hatte ich während meiner gesamten Laufkarriere erfolgreich vermieden, nun stand es sehr prominent im Vordergrund. Die Zeit war reif. Ich hatte bis dato Fitnessstudios meist nur von innen gesehen, um den Wellnessbereich zu genießen. Größten Seltenheitswert hatten Tage, an denen ich eine Stunde auf dem Laufband verbrachte oder einen schweißtreibenden Kurs besuchte.

Ich wandte mich an Gus Barton, der selbst schon über den Atlantik gerudert ist und andere Aspiranten trainiert, die er physisch auf ihr Abenteuer vorbereitet. Seine wertvollen Tipps über Skype und die Beratung vor Ort in London führten dazu, dass ich mein eigenes Trainingscenter in meinem Wohnzimmer einrichtete. Von früheren Versuchen, mit einem Trainingsplan und Trainer zu arbeiten, wusste ich, dass mich Fixes einengt. Im Extremfall endete dies in einer beinahe kindlichen Rebellion, indem ich das geplante Training einfach nicht absolvierte. In einem anderen Fall wurde ich offenbar nicht richtig verstanden, als mein Körper auf ein Standardtraining mit Überlastungssymptomen reagierte und die Aktivitäten nicht sofort angepasst wurden. Wahrscheinlich hatte mir mein Körper schon damals bewusst machen wollen, dass ich intuitiv auf ihn hören soll.

Beim Kaffee mit einem lokalen Ruderer, der mir, seinem Körperbau nach zu urteilen, sicher auch einige gute Tipps geben konnte, wurde mir bewusst, dass ich in den sauren Apfel würde beißen müssen. Sechs volle Wochen lang absolvierte ich fünfmal pro Woche ein Kräftigungsprogramm, um meine Rumpf-, Gesäß- und obere Rückenmuskulatur zu stärken. Anfangs zitterte mein ganzer Körper bereits nach zehn Sekunden in der Plank-Position, und nach den geforderten dreißig Sekunden kollabierte ich erschöpft auf dem flauschigen Wohnzimmerteppich. Aller Anfang ist offenbar nicht nur schwer, sondern auch demoralisierend. Ich verschwieg meine physische Schwäche und raffte mich jeden Tag aufs Neue auf, die fast etwas verhassten Übungen zu machen. Wie ein Mantra repetierte ich immer wieder »Das ist alles Teil der Atlantiküberquerung!«, und mit jeder Woche erhielt ich weitere Rückmeldungen meines Körpers, dass ich Fortschritte machte. Die Repetitionen wurden einfacher, und – für mich fast wichtiger – die kleinen Schmerzmomente verschwanden.

Die von Atlantic Campaigns vorgeschriebenen obligatorischen Kurse zu Navigation, Sicherheit auf See, Funken und Co. belegte ich im Februar 2019 in Teignmouth in Südengland. Wie ein Schwamm sog ich alle Informationen auf und notierte jedes Detail akribisch in mein Notizbuch, das mich seit meiner Entscheidung am 15. Oktober 2018 immer begleitete. Oftmals wusste ich nicht, wozu alle diese Informationen dienen würden, aber je besser ich vorbereitet war, desto einfacher würde meine Überquerung. So habe ich es mir auf jeden Fall vorgestellt.

In der Woche in Südengland lernte ich andere zukünftige Ozeanruderer kennen und hatte die Möglichkeit, soeben vom Atlantik Zurückgekehrten Fragen zu stellen.

Zwei Frauen statteten uns einen Besuch ab, als wir im Ozeanruderkurs mit Ian Couch vom Sicherheitsteam von Atlantic Campaigns alles Wichtige und Nützliche von der Vorbereitung bis hin zur Überquerung der Ziellinie in Antigua erfuhren. Ich war froh, Fragen zur Häufigkeit der Monatsregel und zu umweltfreundlichen Tampons an Frauen richten zu können. Ich ging in der Vergangenheit sehr locker mit dem Thema um, doch hatte ich die Erfahrung gemacht, dass sich nicht alle Männer mit dieser Thematik wohlfühlen. Es rudern immer noch viel mehr Männer als Frauen über den Atlantik, und als Soloruderin war es mir nicht wohl, diese Frage zu stellen. Nur nicht als »komisch« auffallen war meine Devise.

Obwohl ich mich bemühte, potenziellen Fettnäpfchen auszuweichen, kam ich mir in dieser Woche oft als Außenseiterin vor. Vielleicht war es auch der immense Stress, der sich in Form von Informationen und Ideen in meinem Notizbuch in rasantem Tempo vervielfachte. Es half, dass ich jeden Morgen eine Laufrunde am Meer absolvierte und Rufus Scholefield vom Team

Dorabros mit seinem Witz und Charme regelmäßig Lockerheit in die Kursrunde brachte. Den Tag ließ ich oft mit anderen Kursteilnehmern ausklingen, darunter auch den Geschwistern Anna und Cameron McLean, die im Dezember als Zweierteam ebenfalls am Start sein würden und später als »The Seablings« beim Rennen für Furore sorgten.

Der Frühling 2019 brachte nicht nur Sonnenschein und wärmere Wassertemperaturen, sondern über Umwege, neue Bekanntschaften und glückliche Zufälle ein Liteboat, ein Küstenruderboot, in meinen Besitz. Diese Boote sind mit 77 Zentimetern breiter als die Skiffs, die typischen Einerboote im Rudersport, etwas kürzer und bieten auch bei leicht unruhigen Verhältnissen auf einem See genügend Stabilität, um jederzeit Ausfahrten zu machen. Die Investition in das Testmodell würde sich später auszahlen, davon war ich überzeugt.

Ab Anfang Juni kamen regelmäßige Ausfahrten auf dem Zürichsee mit Nalani, wie ich mein kleines Trainingsboot liebevoll nannte, zum sonstigen Training hinzu. Ich war froh, die Kraftübungen nun seltener absolvieren zu müssen, denn mein ganzer Körper gewöhnte sich in den zwei- bis zehnstündigen Trainings langsam an das Zusammenspiel meiner Muskeln. Wenn ich zu viel mit meinen Beinen arbeitete, gaben mir die Krämpfe zu verstehen, dass ich den Rücken und den Rumpf mitbenützen sollte. Der Rücken hingegen meldete sich, wenn ich den Rumpf zu lange auf der Ersatzbank sitzen ließ. Und immer wieder nutzte ich die Beschaffenheit meines Trainingsbootes für eine Abkühlung im Wasser, indem ich einfach mitsamt Trainingskleidern über Bord glitt.

Um mich auch an das Essen bei Hitze und Aktivität zu gewöhnen, nahm ich meist kleine Snacks im Seesack mit. Einmal rief ich nach fünf Stunden und der halben Seeumrundung beim Pizzaservice in Rapperswil an, der mir eine Pizza direkt zum Hafen brachte und an Deck überreichte. Wieder draußen, mitten auf dem See, aß ich Stück für Stück die gesamte Pizza in der sengenden Mittagshitze. Es würde auf dem Atlantik nicht einfacher, dessen war ich mir bewusst.

26° 59.32 N, 018° 8.45 W – Neustart

Die erste Nacht ist hereingebrochen, und die wenigen Bissen, die ich zu mir genommen habe, kommen dem optimalen Tagesbedarf vom 3.600 Kilokalorien nicht im Geringsten nahe. Ich habe Essen für neunzig Tage an Bord, für jedes Kilo Körpergewicht sechzig Kalorien pro Tag. Ich trage immer noch die volle Montur, denn trotz meiner flauschigen Fleecedecke ist mir kalt. Mir wurde gesagt, dass es während der ersten drei Wochen manchmal recht kühl sein kann. Das ist tatsächlich so, und die Nähe zum Wasser hilft da in Kombination mit kälteleitendem Aluminium nicht wirklich.

Irgendwann falle ich in einen unruhigen Schlaf und wache kurz vor der Dämmerung auf. Immer noch von starker Übelkeit geplagt, setze ich mich an die Ruder und atme tief die frische Meeresluft ein. Indem ich meinen Blick auf den Horizont richte und mir selbst gut zurede, werde ich langsam ruhiger. Meine Gedanken kreisen um das gebrochene Ruder. Was habe ich falsch gemacht? Was hätte ich anders machen können? Debby, Johns Frau, Teil meiner Wettercrew und Vertrauensperson, schreibt mir eine SMS auf mein Satellitentelefon: »Super gemacht! Du hast viel Boden gut gemacht und hältst den Kurs optimal.«

Ich bin froh, dies zu lesen, auch wenn Lesen den Übelkeitspegel sofort hinaufschnellen lässt. Immerhin scheint mich meine nächtliche Schlafpause nicht total vom Kurs abgebracht zu haben. In meiner Kabine gibt es einen Plotter, einen kleinen, etwa 15 mal 20 Zentimeter großen Bildschirm, der mir die Bootsachse im Vergleich zum Kurs anzeigt. Seit der Abfahrt habe ich kaum ein Auge darauf werfen können. Bei jedem Versuch will sich mein Magen sofort entleeren.

Auf der Außenseite der Kabine sind Kompasse montiert, ein mechanischer und ein digitaler, der mit dem Autopiloten verbunden ist. Diese kontrolliere ich alle paar Sekunden, um den Kurs mehr oder weniger zu halten. Dass ich dabei beim mechanischen Kompass immer 180 Grad dazuzählen muss, beschäftigt meinen Kopf. Ein weiteres Übelkeitsablenkungsmanöver. Ich lächle schwach. Es ist wie beim Laufen, da beschäftige ich mich jeweils in schwierigen Momenten auch mit Rechnen. Zeit pro Kilometer auf die Endzeit hinaufgerechnet. Mir wird beim Gedanken an die Berechnung der Überquerungsendzeit wieder mehr übel, und mein Blick heftet sich wieder auf die nächsten Wellen.

Sie sind groß, der Wind ist stark, und ich bin bereit, dem Ganzen eine Art Neustart zu geben. Gestern war ich so nervös, dass ich kaum etwas genießen konnte. Okay, ich gebe zu, seekrank zu sein und ein gebrochenes Ruder sind nicht unbedingt Dinge, die in die Kategorie »Genuss« fallen. Trotzdem habe ich den ersten Tag hinter mich gebracht.

Und heute ist ein neuer Tag. Die Stunden vergehen wie im Flug, mein Appetit bleibt komplett aus, doch ich bringe mich dazu, den gesamten Inhalt meiner Snacktüte zu essen. Nussriegel in allen Variationen in kleinen Bissen scheinen eher in meinem Magen zu bleiben als größere Mengen. Ich habe ein schlechtes Gewissen, weil ich weiß, dass ich nicht tagelang nur 1.300 Kalorien zu mir nehmen kann. Ich sehe den mahnenden Zeigefinger meines Arztes in der Schweiz, ich höre Nik und Luuk, die beiden Söhne von Debby und John, wie sie mir im Sommer beinahe täglich gesagt haben: »Du brauchst die Kalorien.«

Es ist später Nachmittag, und ich fühle mich schwach. Ob dies von den fehlenden Kalorien kommt, dem kurzen Schlaf oder dem allgemeinen Stress? Ich weiß es nicht, und es ist mir egal. Ich will mich einfach besser fühlen. Leidend und stöhnend lege ich mich neben meiner Ruderposition auf Deck. Wenn ich mich etwas origamimäßig falte und drapiere, ist es beinahe bequem. Eine Hand versucht mit festem Griff an der Reling, den Körper etwas zu stabilisieren. Ich bin froh, diese festen Verstrebungen zu haben. Die meisten Ozeanruderboote haben anstelle von meinen Halt gebenden Aluminiumstangen lediglich leicht lose Seile.

Die andere Hand findet widerwillig den Weg in den Plastiksack mit den Resten der Tortilla von Nadine und dem Trockenfleisch, das meine Eltern aus der Schweiz mitgebracht hatten. Blindlings breche ich kleine Stücke ab und beiße dann doch nur die Hälfte ab. Alle meine Ampelsignale stehen gleichzeitig auf Grün und Rot. Mein Körper und mein Kopf wissen, dass die Kalorien wichtig sind. Trotzdem sagen sie gleichzeitig »Stopp!«, sträuben sich bis zum Erbrechen dagegen, und ich betätige mich weiter in der Fischfutterproduktion. Immerhin darf das Wasser, das ich in kleinen Schlucken trinke, die unsichtbare innere Grenze überqueren und bleibt im System. Kurz vor dem Eindunkeln fliegt das letzte Stück Tortilla ohne Umweg über meinen Magen direkt ins Wasser. Bis jetzt finde ich dieses Abenteuer alles andere als cool.

Mit viel Wissen und noch mehr offenen Fragen reiste ich Ende Juli 2019 mit dem Zug und siebzig Kilogramm Gepäck nach Südholland, wo mein Boot in der Marina Numansdorp auf mich wartete. John und Mark Slats, der inzwischen von seiner

Weltumsegelung zurückgekehrt war, hatten bereits eine Testfahrt unternommen und der Prüfung für das Seetauglichkeitszertifikat beigewohnt. Sie hatten mir Videos von beidem geschickt, und ich war beruhigt zu sehen, wie schnell sich mein Boot wieder aufrichtet, wenn es, zum Beispiel durch eine Welle, »auf den Kopf« gedreht wird. Trotzdem hoffte ich schon damals, dass mir das nicht passieren würde.

Meine Freundin Nadine begleitete mich und blieb ein paar Tage. John, seine Frau Debby und ihre beiden Söhne waren auch dabei, als wir das graue Boot in einer kleinen Zeremonie feierlich auf den Namen Miss Universe tauften. Den Namen hatte ich schon früh ausgesucht, denn das Universum würde mich ja stets umgeben. Boote tragen fast immer weibliche Namen, und entsprechend konnte ich mir den Wortwitz nicht verkneifen, als ich an den Funkspruch »This is Miss Universe« dachte.

Für die nächsten vier Wochen würde sie mein Zuhause sein. Ich schlief in der Kabine, unternahm kurze bis lange Ausfahrten und richtete sie nach und nach ein. Zum Glück waren John und Debby jeden Tag mit Rat und Tat dabei. Nicht nur bei wertvollen Fahrten in alle erdenklichen Ausstattungs- und Handwerksgeschäfte, auch mit ihrem umfangreichen Wissen und ihrer Erfahrung standen sie mir bei.

Meine erste Fahrt war geprägt von starkem Wind. An sich ein willkommenes Phänomen, das auf dem Atlantik von Vorteil sein würde. Leider durfte ich zunächst mit 15 Knoten Gegenwind losrudern, und bei der Rückfahrt hatte der Wind gedreht. Überhaupt waren meine Tage von schwierigen Windverhältnissen geprägt. Die Region hat viele Untiefen, und es war wichtig, nicht zu schnell von Böen darauf getragen zu werden. Einmal wollte ich eine kurze Übungsfahrt absolvieren, um mit dem Autopiloten *vertraut zu werden. John war auch an Bord, und Debby fuhr mit dem kleinen Beiboot ihrer Segeljacht mit etwas Abstand mit. Zum ersten Mal spürte ich die Kraft des Windes, als plötzlich die Steuerung nicht mehr das machte, was ich wollte.*

Wie öfters in dieser Vorbereitung kam es mir vor, mich wie eine blutige Anfängerin beweisen zu müssen. Es war kein gutes Gefühl. Ja, ich war dabei, neue Dinge zu lernen, und dies hieß auch, dass ich Fehler machte und es beim nächsten Mal hoffentlich besser machen würde. Doch mich belastete dieser Leistungsdruck, den ich mir einerseits selbst auferlegte und der andererseits wohl auch ein bisschen von außen kam. Nicht nur einmal erntete ich zweifelnde Blicke oder sogar verbale Einwände, ob eine physisch halbe Portion imstande sei, einen solchen Kraftakt zu bewältigen. Ich hatte schon viel bewältigt, und irgendwie schien ich wie das Batterie-Häschen aus der Werbung mit einer schier unzerstörbaren Energie ausgestattet zu sein, die mir den Anstrich eines Overachievers gab. Irgendwie schien alles wie am Schnürchen zu laufen. Doch das war die Perspektive von außen. Nicht nur brauchte es von mir einen enormen Kraftaufwand, der dafür sorgte, dass ich mich manchmal fragte, ob ich bis zum Start im Dezember durchhalten würde, auch der Stress zehrte an meinen Nerven. Dies konnte ich meist gut verstecken. Kein Wunder, dass John überrascht und wohl etwas vor den Kopf gestoßen war, als ich nach einem anstrengenden Tag im Kampf gegen den Wind in Tränen ausbrach und mich für 24 Stunden zurückzog.

Immerhin hat mein kleines Zuhause eine Kabinentür, die ich jederzeit schließen kann. Mit verquollenem Gesicht erhielt ich just in diesem Moment des Rückzugs einen Anruf von Sandra vom Team der Swiss Ocean Dancers, dem Viererteam um Tatiana, das im Dezember ebenfalls am Start sein würde. Sandra kümmerte sich unter anderem um den Flaggenschein und die Funklizenz für ihr Boot und hatte diesbezüglich einige Fragen. Da ich diese Pendenzen bereits erledigt hatte, konnte ich ihr das Prozedere erklären. Beim anschließenden Austausch über den Stand der Dinge in der Vorbereitung und dem damit in Verbindung stehenden Druck klagte sie mir ihr Leid, wie viel sie zu bewältigen hatte. Meine Bemerkung, dass ich nicht nur ihr Aufgabenpaket, sondern auch alle anderen allein bearbeitete, schien sie nicht gehört zu haben. Nach dem Anruf fühlte ich mich noch leerer und ließ die Schultern hängen. Als letzten Kraftakt des Tages verfasste ich eine Antwort an einen potenziellen Sponsor und legte mich schlafen.

Das Verhalten von Wolken, Regen und Gewittern ist je nach Lokalität verschieden. Meine Wohnorte in der Schweiz und die Zeit, die ich in den Bergen verbracht hatte, haben mich für diese Regionen gut vorbereitet und das Wetter deuten und antizipieren lassen. Dunkle Wolken mit leichtem Wind lassen im Normalfall genügend Raum und Zeit, sich gemächlich nach einem sicheren Schutzort umzusehen. Solang in ferner Distanz noch keine Blitze sichtbar und kein Donnergrollen zu hören sind, ist keine Eile nötig. In Holland ist das anders, wie ich auf ziemlich schmerzhafte Weise lernen musste. Wie aus dem Nichts verstärkten sich die Winde, als ich mitten auf dem Wasser war, und brachten die ersten Regentropfen mit sich. Da sich zu diesem Zeitpunkt einige Boote auf dem Weg zu einer Schleuse in unmittelbarer Nähe befanden, durfte ich meine Miss Universe nicht einfach treiben lassen. Zur Sicherheit wollte ich den Anker werfen. Leider sind meine Ankerkette und -seil für eine maximale Tiefe von zehn Metern geschaffen. Und ich war schon bei fast neun Metern angelangt.

Mit kontrollierten Griffen ließ ich den Anker ins Wasser gleiten. Gleichzeitig kam ein Motorboot mit Fischern an Bord auf mich zugefahren, die fragten, ob ich Hilfe bräuchte. Mit einem leicht gequälten Lächeln verneinte ich und rief ihnen durch den Wind zu, dass ich das lernen müsste. Sie zogen von dannen, als ich mich nochmals vergewisserte, dass mein Anker auf Grund Halt gefunden hatte und ich nicht abtreiben würde.

Der Regen prasselte unterdessen heftig auf meinen Kopf, denn mein Hut war mit einer Bö über Bord gegangen. Für einen kurzen Moment wollte ich ihn retten, entschied mich aber für die wichtigeren Dinge. Die Wolken und Blitze waren nun für mein Wohlbefinden viel zu nahe, und jeden Moment hätte ich getroffen werden können. Schnell öffnete ich die Kabinentür und sprang mit dem Kopf voran in die Kabine. Dabei schlug ich mit meinen Schienbeinen am Rahmen der Kabinentür auf. Eine Woche lang trug ich im Anschluss eine fleckige, blau-grüne Farbvariation zur Schau.

Auf dem Plotter konnte ich ein Boot ausmachen, das sich auf Kollisionskurs befand. Ich wollte die Besatzung darüber informieren, dass ich trotz der etwas größeren Distanz zum Ufer geankert bin. Mit dem Zeigefinger tippte ich auf das kleine Boot auf dem Bildschirm, um seine Informationen abzurufen. Und entspannte mich. Es war die Segeljacht von Debby und John. Der Form halber tätigte ich trotzdem den Funkspruch, um auch dies zu üben. John war am anderen Ende und gratulierte mir zu meinem Verhalten. Sie hatten mich aus der Ferne die ganze Zeit beobachtet. Das Lob tat gut, und gleichzeitig war ich froh über das unsichtbare Sicherheitsnetz, welches über mich wachte. Das würde ich auf dem Atlantik nicht mehr haben.

Als Läuferin hatte ich oft Gelegenheit, bei Ultramarathons durch die Nacht zu laufen. Wie würde sich dies beim Rudern anfühlen? Bei meiner 24-Stunden-Trainingsausfahrt war das Nachtrudern erst relativ einfach, weil sich meine Augen an den Lichtern an Land und den geankerten Booten orientieren konnten. Gegen zwei Uhr morgens schienen meine Augen aber immer mehr den geschlossenen Zustand zu bevorzugen, und so beschloss ich, drei Stunden zu schlafen. Der Wecker war unbarmherzig, und mein Körper sehnte sich nach mehr Ruhe. Trotzdem kroch ich aus der Kabine, machte mich an die ersten neunzig Minuten Rudern, bevor ich bei einem Kaffee den Sonnenaufgang genoss. Es wurde ein heißer Tag, ganz ohne Wind, und ich war dankbar, auch diese Erfahrung zu machen.

Bei 35 Grad eine warme Mahlzeit zu essen, erforderte sehr viel Überwindung, und ich war froh, als gegen Abend wieder eine leichte Brise aufkam. Mit etwas Stolz notierte ich die Stunden auf meinem Trainingslog, welchen ich Atlantic Campaigns, dem Organisator, am Ende schicken würde. Es waren mindestens 120 Stunden Training auf dem Boot gefordert, davon 24 Stunden in der Nacht. Die Hundertermarke hatte ich beinahe geknackt. Wichtig war aber auch die Zeit, die ich auf meinem Boot verbracht hatte, sie hat mein Vertrauen in mein Boot wachsen lassen, und zum ersten Mal verstand ich, wie ein Mensch ein Ding beinahe liebevoll anschauen kann. Miss Universe hatte sich zu meiner Partnerin entwickelt, der ich blind vertrauen konnte. Zusammen würden wir den Atlantik in Angriff nehmen.

Heute ist ein neuer Tag. Noch etwas benommen von den paar wenigen Stunden Schlaf kann ich in der Dunkelheit der frühen Morgenstunden die Lichtemissionen der Insel Teneriffa noch immer schwach erkennen. Ich rede mir ein, es sei etwa so wie im Sommer in Holland, als ich mein 24-Stunden-Training absolvierte. Nur besser, denn hier auf dem Atlantik bläst der Wind, und es wird heute sicher nicht so heiß wie an jenem Tag in Holland.

Immer noch in Tights, langem Shirt und Windjacke stülpe ich mir auch noch einen Buff über den Kopf, um Stirn und Ohren zu bedecken. Seit dem Start ist meine Stimme auf Sparflamme und lässt mich beim Mitsingen der Musik, die aus meinem Lautsprecher kommt, vor allem die höheren Töne nur krächzend anpeilen. Es hört mich niemand, also ist das okay. Doch heute lässt auch meine Nase keine freie Atmung zu, und mein rechtes Ohr fühlt sich verstopft an. Thor, der Rennarzt, hatte es am Tag vor der Abfahrt noch mit einer Lösung durchgespült, und ich vertraue darauf, dass ich keine Bakterien mit an Bord genommen habe. Ich glaube fest daran, dass meine Symptome nur aus der Aufregung und dem Anfangsstress heraus entstanden sind. Eine positive Einstellung kann Berge versetzen oder eine Landratte einen Atlantik überqueren lassen, rede ich mir ein.

Die Stunden vergehen, ich mache nichts anderes, als zu rudern, den Horizont zu fixieren und tief zu atmen, damit ich meine Übelkeit unter Kontrolle halten kann. Und immer wieder treffen kleine Geschenke in Form von zwei, drei perfekten Wellen hintereinander ein, die mich Geschwindigkeiten von bis knapp sieben Knoten erreichen lassen. Es entweicht mir ein freudiger Schrei, und ein Lächeln macht sich auf meinem Gesicht breit. Dieses weicht bald einem anderen Ausdruck, weil ich abermals meinen Mageninhalt an die Fische verfüttere.

Ich habe das Gefühl, ich meistere die Überraschungen und Herausforderungen bis jetzt ganz ordentlich, frage mich trotzdem immer wieder, wie die Menschen an Land darüber denken. Betrachten sie meine Bewegung auf der Karte mit Anerkennung, oder bemitleiden sie mich? Oder, noch schlimmer für mich, zweifeln sie am Gelingen meines Unterfangens?

Bauchentscheide begleiten mich schon mein ganzes Leben und sorgten bei anderen Menschen in der Vergangenheit oft für Kopfschütteln. Das schwer Fassbare an Entscheidungen aus dem Bauch heraus ist ja, dass es sich nicht um den Bauch des Außenbetrachters handelt und er oder sie rational nicht nachvollziehen kann, wozu jemand sich für unkonventionelle Dinge entscheidet. Auf der Suche nach dem »Warum« ist meist Endstation. Wichtig ist letztendlich ja das »Wozu«.

Ich wusste auch nicht, warum ich mich während des Studiums in Athletic Training, einer Art praktische Sportmedizin, in den USA für eine weitere Ausbildung in der Westschweiz entschied. Französisch und ich waren seit der Schulzeit alles andere als dicke Freunde, und noch zwei Wochen vor der Ankündigung meiner Absicht, Osteopathie in Lausanne zu studieren, hatte ich laut herausposaunt, dass mich keine zehn Pferde nach Lausanne bringen würden. Das »Wozu« nahm dann mit jedem Studienjahr mehr Form an, und Französisch und ich kamen uns näher, sodass ich bald neben Englisch auch in einer weiteren Fremdsprache träumte.

Im Studienjahrgang gab es nur eine Handvoll Deutschschweizer, und wir alle hatten im ersten Jahr viel damit zu tun, die Fachausdrücke zu lernen und sprachlich sattelfest zu werden, um die mündlichen Prüfungen im Sommer bestehen zu können.

Mein Physiologieprofessor, ein Franzose, ließ mich in der ersten Prüfungssession hochkant durchfallen, weil ich die Antworten und Fachausdrücke in der Stresssituation der Prüfung zwar auf Englisch oder Deutsch hätte wiedergeben können, er mir aber klarmachte, dass »hier Französisch gesprochen« würde.

Eingeschüchtert und voller Zweifel verbrachte ich so viel Zeit wie möglich in Lausanne und jonglierte das Lernen und Geldverdienen bestmöglich. Ich hielt dem Druck im ersten wie auch in den weiteren drei Studienjahren stand und bestand alle Prüfungen, wenn auch einige erst im zweiten Anlauf. Im vierten Jahr wurden wir in 18 Fächern geprüft, das Pensum war riesig. Die Fremdsprache war mir unterdessen nicht mehr fremd, doch die vielen Vorlesungen und der Druck, den ich mir meist selbst auferlegte, schwächten zusehends mein Immunsystem. Das Studienjahr begann Ende September. In der Zeit von Oktober bis Anfang März verlor ich sechsmal meine Stimme, konnte nicht mehr schlucken und fühlte mich wie ein Gespenst, irgendwie durchsichtig. Ich versuchte, den Schein nach außen zu wahren und vor allem gegenüber den Professoren nicht schwach zu wirken. Es muss ganz gut geklappt haben, denn ich wurde am Ende des Jahres zur Zielscheibe eines Professors, der seinen Frust über eine bevorstehende Operation offenbar an meiner Prüfungsnote auslebte. Dank ihm durfte ich das Studienjahr wiederholen, hatte jedoch nur zwei Vorlesungen zu besuchen. Ohne einen Finger zu rühren und mit identischem Wissen, bestand ich die Prüfung ein Jahr später mit einer sehr guten Note.

Das geschenkte Jahr habe ich gut genutzt. Ich fand eine neue Wohnung, absolvierte einige Praktika bei Osteopathen und sanierte meine Gesundheit. Mit etwas Abstand lernte ich, mich von meinen Erwartungen und denen meiner Ausbildungsstätte zu distanzieren. *Prüfungen machten mich zwar weiterhin nervös, doch ließ ich mich nicht mehr unter unnötigen Druck setzen. Ich wusste, ich würde mein Diplom am Ende in Empfang nehmen können. Dass ich es mit den leisen Worten »Endlich erhalten auch Sie Ihr Diplom« seitens eines herablassend lächelnden Direktionsmitglieds erhielt, fühlte sich wie eine unsichtbare Ohrfeige an. Ich war tief getroffen und verweigerte ihm den Händedruck. Was musste ich denn noch tun, um zu genügen und den Erwartungen gerecht zu werden? Meine Verunsicherung spiegelte sich in den folgenden Monaten in weiteren Zweifeln an meiner Kompetenz. Zu meinem großen Glück durfte ich meine Assistenzzeit bei einem Osteopathen absolvieren, der mir die Freude an meiner Berufswahl zurückbrachte. Auch wenn ich bei meiner Studienwahl nicht wusste, worauf ich mich eingelassen hatte, spürte ich tief in mir, dass ich am richtigen Ort war. Bauchgefühl halt.*

26° 45.86 N, 018° 16.61 W – Fieber

Es ist halb drei Uhr morgens, und ich mache mich bereit, die letzten acht Meilen zum Wegpunkt zurückzulegen. Weil meine Augen weder Horizont noch Lichter in der Ferne fixieren konnten, überkam mich die Übelkeit vergangene Nacht so stark, dass ich mich in die Kabine legen musste. Mein Kopf war heiß und mein Körper kalt.

Heute werde ich mehr essen müssen, denn diese Unterzuckerung kann ich auf die Dauer wirklich nicht durchziehen. Wohl ist es mir auch jetzt nicht. Wahrscheinlich hatte ich gestern etwas Fieber, aber ich kenne mich und meinen Körper gut. Im Normalfall erhole ich mich von einer leicht erhöhten Temperatur sehr schnell, meist über Nacht.

Etwas schlaftrunken rudere ich im Dunkeln wieder los, die Wellen sind recht zahm im Vergleich zu den vergangenen Tagen, und ich komme schnell in einen guten Rhythmus, begleitet von den sanften Tönen klassischer Musik. Auch die Übelkeit hält sich aktuell in Grenzen. Wunderbar.

Plötzlich verspüre ich einen kurzen, kleinen Schmerz auf meiner linken Halsseite. Bin ich soeben von einem Fliegenden Fisch getroffen worden? Ich wurde von vielen Ruderveteranen darauf vorbereitet, dass ich nachts möglicherweise solche Kollisionen erleben würde. Diese Fische würden übel stinken, und der Gestank ließe sich schlecht aus der Haut entfernen. Meine Hand greift instinktiv sofort an meinen Hals, und ich kontrolliere, ob ich blute. Mein Hals ist aber unversehrt, und gleichzeitig erkenne ich am Rand meines Blickfelds, wie etwas Braunes, leicht Rundes auf das Bootsdeck fällt. Der

Farbe und der absoluten Geruchsneutralität nach zu urteilen, ist es kein Fliegender Fisch. Das Tier flattert wie betrunken orientierungslos neben mir umher. Ein kleiner Vogel kommt hinter mir zum Stillstand und scheint plötzlich wie erstarrt. In Gedanken sende ich ihm die Frage »Bist du okay?« zu und füge gleich noch an, dass es mir gut geht. Der arme Vogel muss sich den Kopf ziemlich an meinem Hals angeschlagen haben und leidet bestimmt unter einer Gehirnerschütterung. Ich lasse ihn abermals über meine Gedanken wissen, dass ich ihn nicht anfassen werde und er sich so lang ausruhen soll, wie es für ihn notwendig sei. Ich bin froh, dass wir beide mehr oder weniger unversehrt sind.

Alle paar Ruderschläge werfe ich einen scheuen Blick hinter meine rechte Schulter, wo sich das kleine Vögelchen ausruht. Nach gefühlten drei Minuten ist es nicht mehr da. Was für ein Glück, dass nichts Schlimmes passiert ist!

In den Morgenstunden erhalte ich eine SMS von meinen Wetterroutern. Sie informieren mich, dass die Winde aus nördlicher Richtung gegen Abend stärker werden und ich zur Sicherheit den Para-Anker auswerfen soll. Wahrscheinlich wird sich die Situation erst nach etwa dreißig Stunden ändern.

Okay, starke Winde hatte ich ja bereits am Start, da kann es wohl nicht schlimmer werden. Oder doch? Ich nehme diese Information neutral entgegen und bin ganz ruhig. Beim Anruf des Sicherheitsteams versuche ich ebenfalls, Ruhe auszustrahlen. Meine Stimme ist fast nicht hörbar, mein Kopf schmerzt, und das Gespräch wird durch anhaltende Hustenanfälle meinerseits unterbrochen.

»Es geht mir gut, dem Boot geht es gut, ich komme gut mit Wind und Wellen klar«, ist der Anfang meiner Standardantwort auf die Fragen zu den Befindlichkeiten. Erst dann erwähne ich meine Seekrankheit und mein allgemeines Unwohlsein. Genaue Angaben bezüglich meiner bescheidenen Nahrungsaufnahme verschweige ich komplett und werde stattdessen sofort emotional, weil ich eine andere Stimme als meine eigene höre. Tränen fließen ohne Ankündigung meine Wangen hinunter. Was ich auch versuche, ich kann den Fluss nicht stoppen. Es geht mir doch gut, oder? Das habe ich ja soeben zu Protokoll gegeben.

Am Abend bin ich beinahe froh, dass der angekündigte Wind tatsächlich stärker wird. Mit eingeübten Handgriffen bereite ich den Para-Anker, auch Treibanker genannt, vor, um ihn fachgerecht über Bord zu werfen. Der Para-Anker sieht aus wie ein Fallschirm und soll unter Wasser das Abdriften eines Bootes verhindern. Da das Boot an der Oberfläche durch Wind, Wellen und Strömung schnell in eine nicht gewollte Richtung getrieben werden kann, hängt dieser Fallschirm wie ein Anker ohne Bodenberührung in den etwas tieferen, ruhigeren Lagen. Er ist durch eine zusätzliche Leine mit dem Boot verbunden, um ihn auch wieder an Bord ziehen zu können. Eine kleine Boje kennzeichnet die ungefähre Position des Para-Ankers an der Wasseroberfläche. Die Sonne ist bereits untergegangen, und ich erkenne noch knapp die fast gleichbleibenden Zahlen auf dem Display, die bestätigen, dass der Para-Anker seine Arbeit tut.

Unterdessen hat die unter Deck eingebaute Wasserentsalzungsmaschine zehn Liter Trinkwasser aufbereitet. Ich fülle alle vier Trinkflaschen mit Wasser und überprüfe noch einmal, ob meine Ruder gut gesichert sind.

Erschöpft krieche ich in die Kabine, wickle mich in meine Fleecedecke und liege für einen Moment einfach nur da. Ich bin froh, mich für eine so weiche Matratze mit wasserabweisendem

Schutzanzug entschieden zu haben. Ich hoffe natürlich, dass diese Qualität nicht relevant sein wird, achte aber trotzdem seit Beginn meiner Reise darauf, mich nur trocken auf das zusätzliche Spannlaken zu setzen oder zu legen. Wie lange das wohl gut geht? Auch über die zwei Kissen bin ich froh. Ich bin mir dessen bewusst, dass andere Boote aus Platzgründen nicht so viel Material dabeihaben können, und genieße diesen Luxus umso mehr. Ich stabilisiere meinen Kopf zwischen den beiden Kissen, damit er von den Wellenbewegungen nicht heftig hin- und hergeworfen wird. Mein Kopf tut wieder weh und fühlt sich an wie ein überhitzter Ballon, der bald platzen wird. Im Kontrast dazu zittert der Rest meines Körpers. Ich trage fast alle Schichten, die ich dabeihabe. Regenhose und -weste fühlen sich in der Kabine nicht kuschelig an, also packe ich sie weg. Zumal die Weste immer noch nach Kunststoff riecht und mir gleich noch etwas übler wird.

Nach gefühlten drei Stunden versuche ich zum ersten Mal, eine Videotagebuchaufnahme zu machen. Ich komme mir etwas doof dabei vor, in die Kamera zu sprechen, erzähle aber trotzdem von den Erlebnissen der vergangenen Tage. Nach drei Minuten muss ich die Kamera wieder ausschalten, mir ist speiübel. Um Punkt zwanzig Uhr öffne ich pflichtbewusst meine Seekarte und trage, wie von Anfang an geplant, meine Koordinaten ein. Aus einem kurzen Energieimpuls heraus mache ich zum ersten Mal etwas Ordnung in der Kabine, werde ich doch die nächsten rund dreißig Stunden in diesem knapp zwei Quadratmeter kleinen Raum verbringen. Schnell sackt die Energie wieder ab, und ich liege einfach nur da.

Ich verliere das Zeitgefühl, weiß nicht genau, wo ich bin. Ich bin in der Kabine meiner Miss Universe, aber wo sind wir?

Und warum sind diese Leute neben meinem Boot so laut? Und weshalb haben sie mich nicht zu ihrer Party eingeladen und veranstalten stattdessen einen solchen Lärm auf dem Steg gleich neben mir? Aufgebracht, weil ich aus dem Schlaf gerissen wurde, öffne ich die Kabinentür, damit ich dieser Partygesellschaft ordentlich den Tarif durchgeben kann. Und blicke statt auf einen Steg in eine schwarze Leere. Halb belustigt, halb besorgt merke ich, wie intensiv sich mein Fiebertraum in die Realität gedrängt hat.

Ich verschließe die Kabinentür wieder und falle in einen unruhigen Schlaf. Jedes Mal wenn ich die Augen öffne, versuche ich, etwas Wasser zu trinken und ein oder zwei M&M's zu essen. Immerhin findet meine Hand die offene Packung, und so muss ich den Kopf nicht drehen, was nicht nur unglaublich schmerzt, sondern auch die Übelkeit auf ein Maximum schiebt. Ein paarmal findet mein Mageninhalt den Weg zurück den Hals hinauf, und ich schlucke alles erneut runter. Der Gedanke daran, in der Kabine Erbrochenes aufputzen zu müssen, lässt mich Dinge tun, die ich eklig finde und mir im Vorfeld nicht zugetraut habe. Zum Glück scheint mein Fieber diese Gedanken genauso schnell wieder loszulassen, wie sie aufgetaucht sind. Die einzige Nahrung, die ich in der Para-Anker-Zeit zu mir nehme und auch verwerten kann, ist eine 250-Gramm-Packung Süßigkeiten.

Wie viel kann ein Mensch denn schlafen? Ich habe das Gefühl, ich mache nichts anderes. Selbst das Hörbuch, welchem ich zu folgen versuche, muss ich immer wieder zum Anfang zurücksetzen, weil ich so oft wegdrifte und wie in einer Zwischenwelt verweile. Ich höre die Stimme des Vorlesers und habe gleichzeitig ein schlechtes Gewissen, weil ich nicht rudere. Ein kurzes

Aufflammen meiner Ratio informiert mich, dass ich dies mit aktivem Para-Anker sowieso nicht kann.

Meine Blase meldet sich auch und übt unangenehmen Druck aus. Der Klettergurt, meine Lebensversicherung, der mich über eine Leine immer mit dem Boot verbindet, verstärkt diesen Druck und hält mich an, rascher zu agieren. Mit einer Ration Klopapier und meinem Kamm bewaffnet krieche ich an Deck, setze mich auf den Kloeimer und nehme wahr, dass es später Nachmittag ist, der Wind beinahe angenehm bläst und es hier draußen auf dem Meer doch auch sehr schön sein kann. Für einen Moment vergesse ich sogar meine physischen Symptome. Im Anschluss kämme ich mein verknotetes Haar und mache ein kurzes Video der imposanten Schaukelbewegung. Ein zusätzliches Selfie zeigt mir ein recht ausgeruhtes Gesicht. So schlimm kann es mir also doch nicht gehen. Ich kann es nicht erwarten, bald endlich wirklich loszurudern und zu zeigen, was in mir steckt!

Stunden später huste ich mir beinahe die Lunge aus dem Leib und liege dann fast apathisch in der Kabine. Ich mag der Kamera nicht erzählen, wie schlecht ich mich fühle und dass ich eher einem kleinen kranken Kind ähnle, das nichts anderes will als seine Mutter, die ihm versichert, dass alles gut wird.

Heute ist ein neuer Tag, und entschlossen, mit einer kleinen Vorfreude im Herzen, stehe ich im Morgengrauen auf dem Deck, um den Para-Anker an Bord zu ziehen. Die dreißig Stunden sind um, Winde und Wellen werden bezwingbar sein, rede ich mir ein. Kurze Zeit später versuche ich mit aller mir aktuell zur Verfügung stehenden Kraft, mein Boot auf den gewünschten Kurs zu drehen. Es scheint, als würde mir das Meer sehr bestimmt und doch sanft klarmachen wollen, dass ich mit meinem Kopf und meinen fixen Vorstellungen nicht weit kommen werde. Ich gebe sofort nach, denn ich merke, dass mein Unterfangen sinnlos ist. Ich werfe den Para-Anker wieder ins Wasser, bereite mir ein Porridge zu, welches ich in Zeitlupentempo und kleinen Löffeln hinunterwürge, und übe mich in ein paar weiteren Stunden Geduld. In meinem Leben an Land bin ich meist gut darin, die positiven Aspekte einer suboptimalen Situation herauszufiltern und die Scheinwerfer darauf zu richten. Immerhin habe ich soeben fast sechshundert Kalorien zu mir genommen. Meine verstopfte Nase, das verschlossene Ohr und meinen schmerzenden Hals verdränge ich. Krank sein passt jetzt überhaupt nicht ins Programm.

Para-Anker verstauen, Klappe, die Zweite. Mit Überzeugung setze ich mich erneut an die Ruder und mache mich an die Arbeit.

Mann, ist das anstrengend!

Ich kämpfe gegen Wind und Wellen und werde immer frustrierter. Warum können Wind und Wellen nicht nett zusammen und in dieselbe Richtung wehen und wellen? Es kommt mir vor, als würde der Wind von links blasen, die Wellen aber von rechts auf mich zurollen. Mit Mühe rudere ich Stunde für Stunde und sehne mich nach Abwechslung.

»Ja, ich weiß, wenn's einfach wäre, würden es alle tun«, erinnere ich mich an die während meiner Vorbereitung vielgehörte Aussage. Trotzdem ist der Spaßfaktor gerade verschwindend klein, und ich ertappe mich immer mal wieder dabei, dass ich mir selbst leidtue, wie ich mit den Elementen einfach nicht klarkomme. Oder komme ich einfach mit mir selbst nicht klar? Unangenehme Gedanken an Ausdrücke wie »Opferhaltung«,

»undankbar« und »selbst schuld« finden ihren Weg in mein Bewusstsein. Wie oft habe ich mich in der Vergangenheit selbst verurteilt? Schnell unterdrücke ich diesen Gedankenstrang und bin dankbar, als aus meinem Funkgerät ein Knacken und gleich darauf eine Stimme ertönt. Eine Segeljacht hat mich auf ihrem Radar entdeckt und will sicherstellen, dass es mir gut geht. Ich stehe aufrecht an Deck und versuche, die Balance zu halten, um irgendwo einen Mast zu entdecken. Leider ist das Boot zu weit weg, oder die Wellen versperren mir die Sicht. Trotzdem ist es schön zu erfahren, dass mich jemand nach meinem Befinden fragt, und wir wünschen uns gegenseitig über Funk eine gute Weiterreise. Es ist das Highlight des Tages, und später schreibe ich den Namen des Bootes, Blue Regent, auf die mit einer blauen Folie beklebte Kabineninnenwand. Meine Freundin Nadine hat die Folie angebracht und mir dazu einen weißen Permanentmarker mitgegeben, damit ich Dinge, die ich sehe oder die mir helfen, notieren kann. Bis jetzt habe ich neben der Überschrift »Boote« zusätzlich am rechten Rand Platz gelassen für die vielen Tiere, die ich sehen werde. Aktuell herrscht da noch gähnende Leere, und ich bin etwas traurig, denn ich habe noch keinen Delfin gesehen. Links unten habe ich angefangen, die Tage zu zählen. Heute kann ich mich nicht erinnern, ob ich den kleinen Zählstrich bereits notiert habe oder nicht. Zum Glück bin ich erst seit kurzer Zeit unterwegs, und so kann ich mit meinen Fingern nachzählen, dass dies mein achter Tag auf See ist.

Der Sonnenaufgang ist heute fantastisch. Meine ganze Welt ist in Orange und Pink getaucht, denn die ruhige Wasseroberfläche spiegelt das Farbenspiel am Himmel. Ohne Musik ziehe ich langsam in der Stille meine Ruder durchs Wasser. Ich bin mit einer so schmerzenden Kehle erwacht, dass Schlucken auch jetzt nur mit Grimassenziehen möglich ist. Den Speichel spucke ich in regelmäßigen Abständen über Bord. Ich fühle mich elend und würde gern wieder in die Kabine kriechen und die nächsten zwei, drei Tage durchschlafen. Doch in der Nacht bin ich ein bisschen gen Norden abgetrieben, und dahin will ich ja nicht. Also sitze ich auf meinem Ruderplatz und ergebe mich meiner Situation. Ich fühle mich in den Extremen gefangen. Was ich sehe, ist wunderschön und berührt mein Herz, und was ich physisch fühle, bringt mich an die Grenzen des Erträglichen. Dank dem Schönen ist das Schmerzhafte trotzdem auszuhalten. Plötzlich höre ich ein Plätschern, das nicht von meinen Rudern kommt. Da das Wasser nur leichte Unebenheiten zeigt, kann es auch nicht daher kommen. Meine Augen suchen auf der Weite des Atlantiks nach der Ursache. Und da sehe ich ihn. Einen kleinen einzelnen Delfin. Er zeigt sich kurz oberhalb der Wasseroberfläche, um sofort wieder zu verschwinden. Schnell greife ich zu meinem Telefon, um den Moment mit der Kamera festhalten zu können. Der kleine Delfin springt kreuz und quer rechts von mir durchs Wasser, als wolle er mir zurufen: »Kommst du spielen?« Er zaubert mir in meiner Misere ein Lächeln aufs Gesicht, und meine Kamera fängt die Begegnung tatsächlich etwas verschwommen ein.

Für einen Augenblick empfinde ich pures Glück, gemischt mit Dankbarkeit, nur um gleich darauf meinen pessimistischen inneren Saboteur zu hören.

»Andere Boote sehen Hunderte von Delfinen, und du erfreust dich an einem so mickrigen Ding? Kein Wunder, dass du nie große Erfolge feierst, wenn du dich mit so Kleinem zufriedengibst.«

Diese Stimme in mir trifft mich mitten ins Herz, und unkontrolliert kullern mir Tränen über die Wangen. Meine tatsächliche Stimme ist heute nur mit enormem Kraftaufwand hörbar, und sogar mein Weinen ist geräuschlos. Um mich etwas aus dem physischen wie auch emotionalen Schmerz zu ziehen, mache ich mir einen Tee.

Als ich neun Jahre alt war, zog meine Familie wegen der neuen Arbeitsstelle meines Vaters in einen anderen Kanton. Auch wenn unser neuer Wohnort nur knapp sechzig Kilometer vom alten Zuhause entfernt war, empfand ich besonders die sprachliche Distanz als riesengroß. Bereits am ersten Schultag wurde ich beim Versuch, einer Mitschülerin ein Kompliment für ihren Schulranzen zu machen, mit viel Nachdruck zurechtgewiesen, dass ich nicht den korrekten Ausdruck für Schulranzen benutzt hatte. Auch mein Versuch, den Begriff ortsgetreu auszudrücken, scheiterte, und ich wurde mit einem Augenrollen der Mitschülerin abermals zurechtgewiesen. Sehr schnell wurde mir bewusst, dass ich mit meinem Zürcher Dialekt im solothurnischen Olten nicht mit offenen Armen empfangen wurde. In den darauffolgenden drei Jahren lernte ich, mich sprachlich so anzupassen, dass ich in der Schule einen anderen Dialekt sprach als zu Hause. Mit Ausnahme der Ausdrücke für Eis, Keks und Bonbon hatte ich mir beinahe eine Fremdsprache angeeignet. Mit dem Übertritt ins Gymnasium und kurz darauf dem Umzug in ein kleines Dorf in der Region erhoffte ich mir von dem doppelten Neustart eine neutralere Basis, um neue Freunde zu finden. Ich hoffte, nicht wieder wie ein Buch anhand des Umschlags schon im Vorfeld verurteilt zu werden.

Teenager zu sein, ist eine herausfordernde Zeit. Ich versuchte, nach meiner Anpassungszeit in der Grundschule, möglichst ich selbst zu sein. Auch wenn ich weiterhin den ortsansässigen Dialekt sprach, versuchte ich, meinen Platz in der Klasse zu festigen. Ich hatte ein mehr oder weniger gutes Gefühl dabei. Dies änderte sich eines Morgens schlagartig. Vor der zweiten Schulstunde Latein wurde ich von den 13 anderen Mädchen in meiner Klasse vor die Schulzimmertür gebeten. Etwas überrascht folgte ich der Aufforderung. Sie formten einen Kreis um mich und bombardierten mich abwechselnd mit Worten, die erst Unglauben in mir auslösten und sich dann wie Pfeile in mich hineinbohrten.

»Du musst dich ändern. Du sagst immer, was du denkst, und das verletzt andere!«

Noch ungläubig fragte ich nach einem Beispiel, weil ich keine Ahnung hatte, worauf ihre Anschuldigungen basierten.

»Wenn Melanie einen neuen Pulli hat, und alle finden ihn toll, kannst du nicht einfach sagen, er sei nicht schön!«

Ich erinnerte mich schwach an diesen Pulli und erwiderte: »Ich hatte Melanie gesagt, der Pulli steht ihr, aber ich würde ihn nie anziehen.« Dass ich ihn nie anziehen würde, weil er mir nicht stehen würde, verschwieg ich.

Die Pfeile schossen weiter.

»Du sagst auch sonst immer, was du denkst, ohne Rücksicht, wie sich die anderen dabei fühlen!«

»Du musst dich ändern!«

»Wenn du das nicht tust, werden wir zum Klassenlehrer gehen und deine Versetzung in eine andere Klasse erzwingen!«

Meine Ungläubigkeit verwandelte sich in Verständnislosigkeit, um dann sofort in einen Zustand geistiger und emotionaler Abwehr zu wechseln. Mit letzten inneren Kräften versuchte ich, meiner Stimme die nötige Überzeugungskraft zu geben: »Ich werde mich nicht ändern. Schon gar nicht für euch.«

Mit gesenktem Blick schritt ich eilig aus dem Kreis heraus und steuerte die Toiletten an. Mit dem Zukrachen der Tür hinter mir brach ich in Tränen aus und schluchzte die tiefe Verletzung aus mir heraus. Wie kamen die auf die Idee, meine Aussagen so zu verdrehen und mich dermaßen zu bedrohen? Ich konnte keinen klaren Gedanken fassen und wusste lediglich, dass ich in den nächsten zwei Minuten in der Lateinstunde sitzen musste. Schnell trocknete ich meine Tränen und sagte mir, dass es ja auch noch zehn Jungs in meiner Klasse gab, die die Dinge bestimmt etwas anders betrachteten.

Am folgenden Tag jedoch, als ich als Letzte im Schulzimmer eintraf, fand ich auf meinem Platz ein Blatt Papier mit einem Text, der genau dieselben Anschuldigungen und Drohungen enthielt, denen ich tags zuvor im Mädchenkreis ausgesetzt war. Darunter die Unterschriften der gesamten Schulklasse. Alle hatten unterschrieben. Mein Herz pochte, ich verspürte eine Mischung aus Angst und Schmerz. Ungläubig, dass alle Jungs die gleiche Meinung von mir hatten, fragte ich meinen Banknachbarn Daniel, ob dieser Brief wirklich seine Haltung widerspiegelte. Erst wusste er gar nicht, wovon ich sprach. Als ich ihn auf das Blatt Papier hinwies, das immer noch unberührt auf meinem Pult lag, sagte er: »Ah, ich weiß gar nicht, was da drauf steht. Leila kam einfach zu uns und sagte, dass wir da unterschreiben sollen, es sei ein Brief für dich.«

Fürs Erste war ich etwas beruhigt und ließ es mir nicht nehmen, das Blatt Papier mitten in der Schulstunde in Stücke zu reißen. Danach fand die Klassenversetzung zwar nicht statt, doch wurde ich praktisch täglich zur Zielscheibe von Anfeindungen in der Klasse und auf dem Schulweg. Mit dem Augenrollen der Mitschülerinnen, wenn ich mich aktiv im Schulunterricht beteiligte, lernte ich umzugehen, auch wenn es mir jedes Mal einen Stich versetzte. Auf der Zugfahrt nach Hause wurde mir immer wieder klargemacht, dass ich nur geduldet war, indem es im Zugabteil für mich keinen Platz mehr gab, wenn ich als Letzte in den Zug stieg. Wenn ich mich hingegen bereits hingesetzt hatte, wurde für andere Mädchen Platz gemacht, indem die anderen näher zusammenrückten. Ich verfiel wieder in einen Anpassungsmodus wie in der Grundschule, doch was ich auch tat: Alles war ein guter Grund für Fieseleien.

In den folgenden fünfeinhalb Jahren entwickelte ich eine Überlebensroutine. Nach der Schule saß ich jeweils eine gute Stunde bei meiner Mutter, meist in der Küche, und erzählte ihr von meinem Tag, oft von Tränen begleitet. Es tat gut, meine Sorgen und Verletzungen aussprechen zu können und Verständnis zu erhalten. Meine Mutter konnte nachempfinden, wie ich mich fühlte, wurde sie doch als Jugendliche auch, jedoch aus ganz anderen Gründen, ausgegrenzt.

Mobbing war in dieser Zeit noch kein verbreiteter Begriff und würde im deutschsprachigen Raum erst noch erforscht werden. Als junge Frau, im Studium und auch nachher noch, erkannte ich mich als Opfer der Begriffsdefinition wieder und nahm Mobbing dank meiner Erfahrung seither immer sofort wahr. Es brauchte

lange, bis ich die Pfeile, die sich dann in mein Herz bohrten, nicht
mehr als komplett lähmende Stiche wahrnahm und mit der Situa-
tion rational umgehen konnte.

Der Honig im Tee beruhigt meine schmerzende Kehle ein bisschen. Der Tag schleppt sich dahin, und ich ziehe die Ruder
kraftlos durchs Wasser. Nach einer Stunde muss ich eine weitere Stunde pausieren, damit ich die nächsten sechzig Minuten
wieder durchhalte. Die Pausenstunden fühlen sich unendlich
lang an. Eine Mischung aus innerer Trostlosigkeit und multi-
faktoriellem Unwohlsein durch Seekrankheit, Halsschmerzen
und Energielosigkeit fordert mich, und ich muss mich ein
wenig zwingen, die Schönheit um mich herum trotz allem
wahrzunehmen. Die Wellen erschaffen heute eine Landschaft,
die der Toskana ähnelt. Die sanften Hügel erinnern mich an
Sommerferien in Italien, lediglich die grünen Zypressen fehlen. Zusammen mit dem leicht auffrischenden Wind stelle ich
mir vor, wie ich den Abend bei einem Glas toskanischem Wein
ausklingen lasse. Meine Gedankenreise funktioniert, und ich
schaffe es, während der Ruderstunden dranzubleiben.

In einer Pause am Nachmittag schalte ich meine beiden
Satellitentelefone ein. Eines ist ausschließlich für die Kommunikation mit dem Sicherheitsteam bestimmt, das andere
für private Unterhaltungen. Wobei unter privat auch der Kontakt mit meinen Wetterroutern fällt. Meist erhalte ich aufmunternde Textnachrichten, vor allem von Debby, die mich
über meinen Fortschritt der letzten vier Stunden informiert.

Auch jetzt piepst das Telefon. Es ist aber keine Nachricht
vom Land, sondern von den Seablings, Anna und Cam McLean, dem Geschwisterpaar, das irgendwo da draußen ebenfalls

versucht, sich mit Wind und Wellen anzufreunden. Sie wünschen mir das Beste und hoffen, dass es mir gut geht. Und sie schicken mir ein paar Delfine zur Unterstützung. Letzteres rührt mich zu Tränen, habe ich doch erst heute Morgen einen dieser Meeresbewohner gesehen.

Sinéad O'Connor singt aus meinem Lautsprecher *Nothing Compares 2 U* aufs Wasser hinaus, und ich richte meinen Blick etwas sehnsüchtig auch da hin. Mit wenig Hoffnung suche ich die Oberfläche nach Rückenfinnen oder Schwanzflossen ab. Und tatsächlich, erst traue ich meinen Augen nicht, doch etwa dreißig Meter von meinem Boot entfernt erscheinen gestaffelt zwei ziemlich große Delfine. Ich erstarre kurz, greife sofort zur Kamera, um den Moment einzufangen, der gleichzeitig auch in meinem Herzen abgespeichert wird. Für einen Augenblick steht alles still, das Schaukeln des Bootes fühlt sich sanft und beinahe lieblich an, und die Nachmittagssonne taucht die Szene in ein warm-pastelliges Licht. Irgendwie bin ich in diesen rund dreißig Sekunden nicht in meinem Körper, sondern fühle mich beinahe als Zuschauerin eines Filmes, leicht distanziert von der Realität.

Aus Dankbarkeit wähle ich spontan die Nummer der Seablings und habe Glück. Anna antwortet, und wir unterhalten uns kurz. Es tut unglaublich gut, mit einem Menschen reden zu können und nicht sofort in Tränen auszubrechen, auch wenn mir der heutige Tag emotional sehr viel Kraft abverlangt.

Die Sonne geht endlich unter, und ich merke, wie ich die Musik meiner aktuellen Playlist nur auf einem Ohr hören kann. Beunruhigt ziehe ich mich früher als geplant in die Kabine zurück und werde sofort von einem Hustenanfall durchgeschüttelt. Ich kann gerade noch Luft holen und die Punkte, die sich vor meinen Augen gebildet haben, zum Verschwinden bringen. Heute fehlt mir die Kraft, meine Zähne zu putzen, und ich schlafe mitsamt meiner Regenjacke erschöpft ein.

In den vergangenen Tagen habe ich mich regelmäßig mit Thor, dem Rennarzt, und meinem Arzt in der Schweiz über meine Symptome ausgetauscht. Heute bin ich nach elf Stunden Schlaf aufgewacht. Meine Nase ist verstopft, der Husten ist stärker geworden, und mein Ohr ist weiterhin komplett zu. Ich höre nicht wirklich, was Thor am Satellitentelefon sagt. Schnell halte ich es ans andere Ohr. Er empfiehlt mir, heute mit der Antibiotikatherapie zu beginnen, denn es scheint, als hätte ich eine Superinfektion entwickelt, die mein gesamtes Hals-Nasen-Ohrensystem beeinträchtigt. Auch meine Hustenanfälle gefallen ihm nicht. Thor hat viel Erfahrung und hat schon etliche Expeditionen und Abenteurer begleitet. Dass er jetzt seine Besorgnis mir gegenüber ausspricht, lässt mich aufhorchen. In den vergangenen Tagen hat mein Arzt in der Schweiz bereits dieselben Empfehlungen gegeben, doch war ich mir nicht sicher, ob er wohl etwas zu vorsichtig war. Von jeher bin ich überzeugt, dass mein Körper immer dann erkrankt, wenn er eine Pause braucht, und ich gebe ihm dann entsprechend auch die Zeit zu heilen. Meist begleite ich die Genesungszeit mit Kräutertees, dem Inhalieren von Dampf mit ätherischen Ölen und natürlichen Lutschtabletten, um die Kehle zu besänftigen. Heute entschließe ich mich, auf den Rat von zwei Ärzten zu hören, und werfe die erste Antibiotikatablette ein. Mir wird bewusst, dass ich mich in den vergangenen Tagen vehement gegen die offensichtliche Tatsache gewehrt habe, dass ich krank bin.

Ich sehe ein, dass ich beim Versuch, genau die starke Frau zu spielen, die ganz viele Menschen an der Oberfläche sehen, gescheitert bin. Ich habe Angst, Schwäche zu zeigen, denn das könnte ja wieder als Grund dienen, mich nicht zu mögen. Mobbingbilder aus meiner Vergangenheit stellen sich wie hämisch grinsende Fratzen vor mein inneres Auge.

Innerlich wie gelähmt, übernimmt der Atlantikrudermechanismus das Zepter. Ich setze mich an die Ruder und brauche nach dreißig Minuten die erste Pause. Ich gewähre mir ganze fünf Minuten, nur um dann zehn Minuten später in der grell scheinenden Mittagssonne mit den Händen an den Rudern einzuschlafen. Benommen öffne ich die Augen und setze mich, den Tränen nahe, neben meine Kabinentür. Ich komme auch heute nicht vom Fleck und lege nur ganz wenige Seemeilen zurück.

Es ist sehr lange her, dass eine Situation meine selbst aufgebauten Schutzmauern zum Bröckeln gebracht hat. Und es trifft mich mitten ins Herz. Ich habe das Gefühl, alles zu geben, was in mir steckt, und doch ist es nicht genug.

»Tu dies. Tu das. Du solltest jenes tun.«

Ich höre die Stimmen gut gemeinter Ratschläge aus der Vergangenheit, die sich wie echte Schläge anfühlen. Egal was ich tue, es reicht einfach nie, es ist nie genug. Ich frage mich, wann wohl der Tag kommen wird, an dem ich einfach nur ich sein kann und meine Schwächen offen zeigen darf. Jeder hat doch Schwächen. Ich bin immer noch der Ansicht, dass eine Schwäche zu zeigen, eine starke Person auszeichnet. Höchstwahrscheinlich erwecke ich nach außen den Eindruck, als hätte ich keine Schwächen. Doch das stimmt nicht. Ich habe so viele. Ich wünschte, ich könnte ich selbst sein, ohne irgendetwas beweisen oder etwas Spezifisches erreichen zu müssen. Die Tränen strömen jetzt in Bächen meine Wangen hinunter, und meine aktuelle Situation mitten auf dem Atlantik erscheint mir genauso trostlos wie mein bisher gelebtes Leben. So vieles habe ich noch nicht erreicht. Den Atlantik zu überqueren, war nie mein lang gehegter Lebenstraum. Andere Dinge im Leben sind mir viel wichtiger, und von denen träume ich oft.

Mariah Carey säuselt eine ihrer Balladen aus dem Lautsprecher, und ich frage mich, wie ich auf die Schnapsidee kommen konnte, so viele Herzschmerzlieder auf eine Playlist zu laden. Genervt schalte ich die Musik aus und greife zum Satellitentelefon. In dieser schlimmen Gefühlslage gibt es nur einen Menschen, dem ich mein Herz ausschütten und der mich aus dem Tief herausholen kann – meine Schwester. Sie kann mich genau da abholen, wo ich mit meinen Emotionen bin, zeigt mir den Weg aus der Talsohle und begleitet mich ein Stück. Geduldig hört sie mir zu. Sie erinnert mich daran, einfach mal nur zu atmen. Ein, aus, ein, aus. Das genüge im Moment absolut. Ich folge ihren Anweisungen und atme tief ein und aus. Auf meinen Einwand, dass ich mit nur atmen keine Seemeile weiterkomme, hilft sie mir mit einem Perspektivenwechsel, indem sie mich ganz logisch darüber aufklärt, dass ich mit nur zwei Minuten Rudern ein kleines Stück weiter vorwärtskomme, als wenn ich gar nicht rudere. Und zwei Minuten pro Tag würde ich schon schaffen. Sie glaubt an mich. Meine Schwester streicht mir mit ihren Worten sanft über den Kopf und nimmt mich fest in die Arme. Wie gern würde ich diese Gesten ganz real und physisch spüren!

Ich glaube auch an mich. Ich werde in Antigua ankommen. Wann, weiß ich nicht. Und auch nicht, was ich noch alles erleben werde. Ich schlafe wieder früh, erschöpft und mit der Hoffnung auf bessere Winde ein.

24° 13.93 N, 021° 35.86 W – Weihnachten

Heute ist ein neuer Tag. Etwas ungläubig realisiere ich beim Öffnen meiner Augen, dass ich die Nacht durchgeschlafen habe, während Rudy, mein Autopilot, ganze Arbeit geleistet hat. Rudy macht einen Riesenlärm, wenn er aktiv ist, und ich bin erstaunt, dass ich vergangene Nacht nichts davon mitbekommen habe. Offenbar habe ich die Ruhe gebraucht.

Mein Boot wird, wenn Wind und Wellen wieder einmal, wie ich es nenne, nicht schön zusammenarbeiten, aus der Achse und somit vom Kurs gedrängt. Sobald Miss Universe ungefähr zehn Sekunden lang mehr als 15 Grad vom Kurs abweicht, gibt Autopilot Rudy mit einem Fehlersignal bekannt, dass er die Arbeit einstellt. In diesem Moment habe ich die Wahl, sofort mit den Rudern mitzuhelfen und den korrekten Kurs wiederherzustellen oder, und das habe ich in der Kabine liegend getan, den Knopf für den Stand-by-Modus zu betätigen. Sobald Rudy streikt, dreht sich Miss Universe parallel zu den Wellen und bewegt sich viel langsamer in die gewünschte Richtung, in meinem Fall mehr oder weniger gen Westen. Selten kann ich länger als zwei Stunden von Rudys selbstständiger Tätigkeit während der Nacht profitieren.

Umso mehr freue ich mich über die Gratismeilen, die ich letzte Nacht im Schlaf zurückgelegt habe. Nach dem gestrigen schwierigen Tag lege ich heute mit neuer positiver Energie im Herzen und einem angenehmen unterstützenden Wind aus ostnordöstlicher Richtung los. Mein kurzes Gespräch mit John, meinem Wetterrouter, heute Morgen geht sachlich über die Bühne, und er informiert mich, dass der Wind heute und morgen noch etwas stärker wird, dann aber wieder abflachen soll, um dann in ein, zwei Tagen wieder aufzufrischen. Es sind aktuell keine längerfristigen stabilen Prognosen möglich. Ich äußere meine Enttäuschung über die fehlende Unterstützung von Wind und Wellen, und er erinnert mich an eine von ihm im Sommer oft getätigte Aussage: »Es ist Wetter. Du kannst es nicht ändern. Werde damit fertig.«

Ich höre das nicht gern, weiß aber, dass es stimmt.

Die Sonne steht schon wieder etwas höher und wärmt mich angenehm. Trotzdem trage ich weiterhin mein Langarmshirt. Wenn man krank ist, soll man ja bekanntlich direkte Sonneneinstrahlung meiden. Dieser Gedanke lässt mich müde lächeln, denn Schatten ist auf meinem Boot praktisch nicht zu finden. Meine Kehle brennt und ist trocken. In regelmäßigen Abständen trinke ich Wasser und schiebe mir Allenburys, die wunderbaren Glycerinlutschtabletten, in den Mund. Meine Stimme ist immer noch nicht von meinen Behandlungsmethoden beeindruckt und lässt es weiterhin nicht zu, dass ich zusammen mit Tom Petty und seinen Heartbreakers *Learning to Fly* singe. Irgendwie bin ich auch gerade dabei zu lernen, wie man fliegt.

»Über den Atlantik fliegen ginge wohl schneller«, geht es mir durch den Kopf. Nie mehr werde ich mich während eines Transatlantikflugs darüber aufregen, wie lange es dauert, bis das Flugzeug landet.

Ich mache mir in einer kleinen Pause am Nachmittag wieder einen Tee mit Honig. Mit der etwas unruhigeren See verbrenne ich mir beim Umgießen des heißen Wassers den Zeigefinger. Etwas später ist dann der Gaumen dran, weil ich nicht warte, bis sich das Wasser abkühlt. Mit einer Mischung aus Schmerz und Frustration treten mir Tränen in die Augen, die ich nicht zurückhalten will. Dankbar, dass mich niemand sieht oder hört, gebe ich mich kurz meinem Elend hin.

Um keine wertvolle Zeit zu verlieren, möchte ich mich möglichst schnell wieder an die Ruder setzen. Die Tränen sind getrocknet, und der Wind ist jetzt stärker. Ich bewege mich von meiner Teetrinkposition bei der vorderen Kabine zurück auf meine Ruderposition. Ich bin gerade im Begriff, mich auf meinen Rudersitz zu setzen, als eine Welle seitlich an mein Boot klatscht und mich aus dem Gleichgewicht bringt. Ich falle rückwärts und lande unsanft auf meinem Ruder. Ich höre ein Knacksen im Rücken. Eine Rippe auf der linken Seite sendet Schmerzsignale aus, und es verschlägt mir den Atem.

»Super, Gabi! Hast du wieder genial gemacht!«, gratuliere ich mir sarkastisch. Mein medizinisches Wissen lässt zwei Diagnosen zu: Rippenbruch oder Rippenprellung. Beides ist nicht ideal, um schmerzfrei mit den Bewegungen eines Ozeanruderbootes auf dem Atlantik klarzukommen. Zusammen mit den zwei Heißwassermomenten entpuppt sich dieser Tag als unerwartet ereignisreich.

Ich sitze kurz bewegungslos auf meiner Position, und wieder tue ich mir leid, merke aber, dass es mich keinen Ruderschlag weiterbringt. Das Missgeschick ist passiert, und es nützt mir nichts, mich an dem Negativen festzuhalten. Zähne zusammenbeißen und mich meiner Situation stellen scheint mir die beste Herangehensweise zu sein. Die Winde sind unterdessen so stark, dass ich Mühe habe, das Boot, welches wieder parallel zu den Wellen steht, zu drehen. Immer wieder lasse ich das linke Ruder los, weil der Schmerz im Rücken unerträglich wird und mich sogar meine Hals- und Ohrensymptome vergessen lässt.

Ganze zwei Stunden versuche ich es und gebe dann entkräftet auf. Ich spüre, wie sich mein ganzer Körper verkrampft, damit mein Rücken weniger schmerzt. Beim Husten oder auch nur Gähnen stockt mir der Atem. Ich bin etwas unschlüssig, ob ich schon wieder Thor, den Rennarzt, informieren soll, um ihn über mein Missgeschick aufzuklären. Viel mehr als mir zuzuhören und eine Notiz zu machen, kann er ja nicht tun. Und andere Boote haben vielleicht viel schlimmere Dinge zu bewältigen, da störe ich möglicherweise mit meinem Anruf nur unnötig. Trotzdem wähle ich die Nummer der Organisation, um immerhin den Sicherheitsleuten Bescheid zu geben. Niemand gibt mir das Gefühl, aus einer Mücke einen Elefanten zu machen, doch fühle ich mich dennoch als Störenfried.

Rudy kann ich nicht einschalten, da ich das Boot ja nicht in die richtige Achse drehen kann. Die Empfehlung des Sicherheitsteams, bei Bedarf Schmerztabletten einzunehmen, nehme ich mir zu Herzen und warte auf den Moment, wenn sie zu wirken beginnen. In der Dunkelheit der Kabine lausche ich den Klängen des Meeres. Die Wellen treffen aus verschiedenen Richtungen in den unterschiedlichsten Winkeln auf mein Boot und erzeugen eine Vielfalt von Geräuschen. Im ersten Moment nehme ich das Klatschen so real wahr, als würde ich gleich klitschnass werden, wenn nicht die schützende Bootswand dazwischen wäre. Ich grinse, schmiege mich in meine beiden Kissen und ziehe die Fleecedecke bis zum Kinn hoch.

Die Antibiotika haben in den vergangenen zwei Tagen ihre Wirkung langsam entfaltet, doch das eine Ohr ist immer noch etwas zu. Ich liege auf meinem offenen Ohr, und plötzlich verwandeln sich die Wellengeräusche in Stimmen. Trotz meiner

Schläfrigkeit versuche ich angestrengt herauszuhören, was sie sagen. Wieso flüstern sie so? Soll ich nicht hören, was sie zu sagen haben? Besprechen sie etwas, was mich angeht? Ich stelle mir vor, dass sie darüber debattieren, was ich als Nächstes tun soll und wie sie mich am besten dabei unterstützen können. Mithilfe der aktiven Schmerzmittel in meinem Körper falle ich erneut in tiefen Schlaf. Acht Stunden später wache ich wieder mit Erstaunen und viel Freude auf. Die Winde haben mich und Miss Universe satte 17 Seemeilen auf korrektem Kurs gehalten.

Guten Mutes und motiviert bereite ich mir ein Porridge zu. Um den Energiegehalt zu erhöhen, kippe ich noch etwas Agavendicksaft und eine Handvoll Mandeln aus dem Garten unseres Ferienhauses in Griechenland hinein. Die Mandeln geben mir ein Gefühl von Verbundenheit zum Land, denn sie sind das einzige Nahrungsmittel, das im weitesten Sinne noch frisch und natürlich ist. Ein bisschen Zimt rundet mein Frühstück ab, und schon bald sitze ich im frühen Morgengrauen auf meinem Ruderposten, den Blick nach Osten gerichtet.

Die Zeit bis kurz vor dem Sonnenaufgang begehe ich gern in der Stille, ohne Musik, einfach nur mit dem neu anbrechenden Tag. Es fällt mir beinahe leicht, mich ganz auf die regelmäßigen Bewegungen einzulassen und so in eine Meditation zu gleiten, lediglich ab und zu von leicht unregelmäßigen Wellen unterbrochen. Kurz bevor sich die ersten Sonnenstrahlen zeigen, schalte ich den Lautsprecher ein, und dann begleitet mich, passend zur Tageszeit, die »Morgenstimmung« aus Edvard Griegs *Peer-Gynt-Suite* in den erwachenden Tag. Egal wie stark mein Rücken wieder Schmerzsignale aussendet oder wie langsam ich mich von meiner Superinfektion erhole, in diesem Moment ist alles Schwere, Traurige und Schmerzhafte ausgeblendet, und Tränen der Dankbarkeit kullern über meine Wangen. Die Intensität dieses Moments ist überwältigend und breitet sich im gesamten Körper aus und lässt mich ganz leicht werden.

Genauso schnell, wie die Leichtigkeit aufgetaucht ist, verschwindet sie auch wieder. Wie der Sonnenaufgang, der auch nur von kurzer Dauer ist, ist der leichte Moment vorüber. Ich stelle das Musikprogramm um und lasse mich von Motown-Hits durch den Vormittag begleiten.

Wie jeden Tag um Punkt halb neun wähle ich Johns Nummer, um von ihm den aktuellen Wetterbericht und die möglichen Aussichten zu erfahren. Und wie jeden Tag stelle ich ihm dieselben Fragen.

»Wann kommen endlich die Passatwinde? Ist dieses Wetter normal? Warum ist es so unregelmäßig?«

Er bleibt geduldig mit mir und beantwortet meine Fragen. Dass sich die Antworten nicht groß unterscheiden, ist mir bewusst. Doch ich genieße den kurzen verbalen Austausch mit ihm. Er ist über die Dauer des letzten Jahres zu einem Freund geworden. Wie bei allen Freundschaften haben auch wir unsere Standpunkte und Bedürfnisse besprechen müssen, was nicht immer einfach war. Ich bin froh, jetzt ganz ohne schlechtes Gewissen immer wieder dieselben Themen und Punkte ansprechen zu können.

»Du kannst es immer noch in sechzig Tagen über den Atlantik schaffen. Selbst wenn du nichts tust, also nicht ruderst, wirst du in achtzig bis neunzig Tagen drüben sein«, teilt er mir heute mit.

Ich merke, wie sich diese Information wie »Airolo – Göschenen« anhört, also wie eine Fahrt durch den Gotthardtunnel, den längsten Autotunnel in den Alpen. Auf der einen Seite rein, auf der anderen wieder raus. Einfach durch. Ja, anfangs waren alle Optionen bezüglich der Dauer meiner Reise möglich und wurden zwischen uns immer mal wieder angesprochen und durchdiskutiert. Die Medien haben meine halb ernste Aussage, am allerliebsten an meinem Geburtstag, also nach 45 Tagen, in Antigua anzukommen, um einen Drink mit Schirmchen an Land trinken zu können, aufgegriffen und zahlreich erwähnt. Bereits heute ist mir mein Ankunftsdatum egal, ich erwähne dies John gegenüber aber nicht. Das Wichtigste ist, dass ich immer noch in meinem ganzen Dasein weiß, dass ich ankommen werde.

Später erinnere ich mich an weitere Worte Johns, die ich eigentlich lieber gleich wieder vergessen würde. Morgen, am Weihnachtstag, werden die Konditionen zum ersten Mal den ganzen Tag über ruhig sein und ideal, um den Bootsunterboden zu putzen. Mit der Zeit heften sich kleine Muscheln an den Teil des Bootes, der im Wasser ist. Sie wachsen recht schnell und verlangsamen das Vorwärtskommen, und je länger man wartet, umso schwieriger wird es, sie zu entfernen. Um mich auf den Ablauf vorbereiten zu können, übe ich heute das Ausschauhalten nach großen Fischen. Als Soloruderin fehlt mir die zweite Person, die vom Deck aus kontrolliert, dass sich kein Hai oder ein anderer neugieriger Fisch dem Boot nähert, solang ich im Wasser arbeite. Ich lege mich flach auf das Deck und halte meine Videokamera ins Wasser, um eine 360-Grad-Standortbestimmung unter der Oberfläche aufnehmen zu können. Nach vier Versuchen habe ich den Winkel und die beste Positionierung ausgemacht. Auch die Schmerzmittel wirken weiterhin, und sofern sich nichts verschlechtert, werde ich morgen für die nächste Herausforderung bereit sein.

Der Weihnachtstag ist am Morgen vom Ablauf her eine Kopie des Vortags. Gleiches Frühstück, gleiche Musik bei Sonnenaufgang, und auch das Gespräch mit John verläuft beinahe identisch. Er erkundigt sich nach meinem Befinden und den Schmerzen im Rücken. Ich verstehe meinen Körper nicht immer, manchmal geht es mir erstaunlich gut, nur um mich plötzlich und unangekündigt wieder zu lähmen. In Johns Stimme glaube ich eine Vorsicht herauszuhören, mich nicht überfordern zu wollen, aber trotzdem die Wichtigkeit der bevorstehenden Aufgabe auszudrücken. Auch wenn ich dies nicht an klaren Worten festmachen kann, fühlt es sich an, als würde ich heute mit Samthandschuhen angefasst werden. Es ist ein gutes Gefühl, zumal ich mir heute viel zutraue. Das Ende des Anrufs hinterlässt wieder eine Leere, die ich schnell mit Musik fülle. Eine wilde Mischung erst kürzlich zusammengestellter Songs lenkt meine Gedanken wieder auf meine Hauptbeschäftigung auf dem Meer, das Rudern.

Ich schiebe den unausweichlichen Moment hinaus, in dem ich ins Wasser muss. Eine innere Stimme sagt mir: »Du musst gar nichts.« Ja, das stimmt. Diesen Satz äußere ich oft anderen gegenüber. Denn wie häufig spricht man die Worte »Ich muss ...« aus, ohne sich darüber im Klaren zu sein, dass man in den allermeisten Fällen die Wahl hat, ob man etwas tun möchte oder nicht? Heute, in diesem Moment, verstehe ich, warum ich oftmals leicht gequälte bis genervte Blicke auf meinen Hinweis erhalte. In meiner unangenehmen Situation weiß ich, dass ich nicht ins Wasser »muss«, aber die Konsequenzen, wenn ich es nicht tue, wären noch unangenehmer.

Seit dem Aufwachen stopfe ich mich regelmäßig mit Schmerzmitteln voll, um nach dem Putzen auch wieder an Bord klettern zu können. Worauf warte ich dann noch? Das Meer ist nicht spiegelglatt, aber doch ruhig, der Wind schwach, und die Sonne scheint. Mitten in meinen Gedanken und Ruderbewegungen kommt wieder dieses intuitive Bauchgefühl. Jetzt. Ich halte augenblicklich inne, greife zur Videokamera und installiere mich wie am Vortag, um die Umgebung unter dem Boot zu erkunden.

Alles blau.

Alles ruhig, kein einziger Fisch zu sehen.

Innerhalb von zwei Minuten bin ich – mit Taucherbrille, Eiskratzer und einem Putzschwamm ausgerüstet – bereit, mich ins Wasser gleiten zu lassen. Eine leichte Nervosität lässt meinen Bauch flattern. Starte ich meine spontane Putzaktion wirklich zum richtigen Zeitpunkt? Um mich und vielleicht durch die Bootswand hindurch auch die Fischwelt zu beruhigen und zu besänftigen, wähle ich ein Klavierkonzert von Mozart aus und lasse es in voller Lautstärke aus dem Lautsprecher erklingen. Gleichzeitig schalte ich die zweite Videokamera, die auf der Kabine befestigt ist, ein. Für den Fall, dass ich doch zum Snack eines Haies werden sollte, kann man danach vielleicht die Situation rekonstruieren. Schnell verdränge ich diesen Gedankenstrang. Zur Sicherheit wiederhole ich das 360-Grad-Videoritual unter Wasser noch einmal, um mögliche heranschwimmende Fische zu sichten. Es ist aber weiterhin nichts als wunderschönes weites Blau zu sehen.

Mit größter Anstrengung gleite ich vorsichtig ins Wasser, um auf keinen Fall mit Platschgeräuschen die große Fischwelt auf mich aufmerksam zu machen. Sobald ich im Wasser treibe, klicke ich die Karabiner um, damit ich auch weiterhin ununterbrochen mit Miss Universe verbunden bin. Ich merke, dass ich den Klettergurt um meine Taille enger schnallen muss, denn er rutscht mir beinahe bis unter die Achseln hoch. Der Griff ist geübt, ziehe ich den Klettergurt ja täglich an und aus, wenn ich von der Kabine auf Deck komme oder umgekehrt. Schnell tauche ich unter und kontrolliere das immer noch fischfreie Wasser um mich herum. Mit einer Hand halte ich mich nun an der Außenleine des Bootes fest, und mit der anderen entferne ich die bereits erstaunliche Anzahl Muscheln an der Unterseite des Bootes.

Alle zwanzig Sekunden muss ich Luft holen und scanne gleichzeitig meine Umgebung. Das Flattern im Bauch ist zwar weg, aber wohl ist es mir trotzdem nicht. Ich spüre, dass ich nicht allein bin. Es ist ein wenig wie in den Bergen Kaliforniens, wo ich die Präsenz von Pumas oft gespürt, jedoch nur einmal einen gesehen habe. Deshalb weiß ich auch, dass ich mich als Gast in fremdem Lebensraum befinde, und sende ein »Danke, dass ich diese Arbeit ungestört beenden darf« an die unsichtbaren Meeresbewohner. Das einzige Tier, das mir auffällt, als ich einmal Luft hole, ist ein kleiner brauner Vogel. Ob es wohl derselbe ist, mit dem ich vor ein paar Tagen einen Zusammenstoß hatte?

Nach 45 Minuten mühsamen Putzens strahlt die Bootsunterseite wieder in homogenem Weiß, und vor mir liegt nur noch die letzte Herausforderung. Ich friere, meine Hände fühlen sich taub an, und ich beiße die Zähne fest zusammen. Ich schaffe es beim zweiten Anlauf, mich zurück aufs Boot zu hieven, während ich den aufkommenden Schmerz im Rücken erfolgreich ausblende. Ich weiß, dass es jetzt einfach nicht anders geht. Sicher an Deck, die Karabiner soeben wieder an der mittleren Sicherheitsleine neben meiner Ruderposition festgeklickt, krallt sich meine rechte Hand an der Reling fest, während die linke mit einem schmerzverzerrten Gesicht meine linken Rippen findet. Aus unerklärlichen Gründen bin ich trotz des stechenden Schmerzes beinahe belustigt, wie ich soeben fast unbeschadet mein Boot putzen konnte und jetzt, ohne großen Kraftaufwand, höllische Schmerzen verspüre. Ich atme ein paarmal tief ein und aus. Es wirkt.

Zur Feier des Tages gönne ich mir zum ersten Mal eine Dusche. Heute, habe ich beschlossen, ist auch das Ende meiner Krankheit. Wie zu Hause auch besiegele ich meine Genesungszeit mit einer gründlichen Körperreinigung. Zum Glück habe ich viel Frischwasser zur Verfügung, und nach dem Einseifen halte ich mir den zehn Liter fassenden Wasserkanister über den Kopf. Mit viel Überzeugung wasche ich mir auch noch die restliche Seekrankheit vom Leib. Im Anschluss trocknet mich die Sonne, und ich gönne mir in der wohligen Wärme einen Moment der Reflexion. Man soll zwar niemals nie sagen, doch die Chance, dass ich nochmals einen solchen Weihnachtstag verbringen werde, ist verschwindend klein. Soeben war ich mitten im schönsten Blau, im Wissen, dass es unter mir noch über drei Kilometer in die Tiefe geht. Es erscheint mir beinahe surreal, dass ich mich unter Wasser wohler und ruhiger gefühlt habe als mit dem Kopf über der Oberfläche. Das Meer macht mir keine Angst. Wie gern würde ich diese Gedanken und Gefühle mit jemandem teilen, gemeinsam die unendliche Weite des Ozeans bestaunen!

Mit einem Mal kippt meine Stimmung ins Wehmütige. Es ist Weihnachten. Und ich bin allein. Dass dies so sein würde, war mir schon bei der Anmeldung bewusst, doch den Tag zu erleben, ist etwas ganz anderes. Ich ziehe mich für einen

Moment in die Kabine zurück. Meine Eltern haben mir insgesamt 13 Briefe geschrieben. Auf einigen Umschlägen sind klare Öffnungsdaten vermerkt. Andere sind für variable Gefühlslagen vorgesehen wie »Wenn es mal schwieriger sein sollte« oder auch »Für irgendwann«. Wegen meiner Seekrankheit habe ich bis jetzt noch keinen Brief gelesen. Das hole ich jetzt nach. Niemand sieht, wie ich acht Briefe einen nach dem anderen lese und erst nach den Weihnachtsbriefen innehalte. Tränen laufen in Strömen über mein Gesicht, und ich verstehe, weshalb ich den Inhalt der verfassten Briefe etwas dosieren sollte. Es ist alles etwas viel für mich. Es ist eine Mischung aus Traurigkeit über die physische Distanz zwischen uns und Dankbarkeit darüber, dass mein Unterfangen Atlantiküberquerung auch Bewegung ins Leben meiner Mutter und meines Vaters bringt. Ich kann es zwar noch nicht klar in Worte fassen, aber ich spüre bei ihnen eine Veränderung und den Versuch, mich als Tochter gleichzeitig über alles zu lieben und doch ganz loszulassen.

Wie gern würde ich jetzt bei meiner Familie sein, mit meiner Schwester, ihren Söhnen und meinen Eltern neben dem geschmückten Weihnachtsbaum beisammensitzen. Das Gruppengespräch am Satellitentelefon verstärkt diese Sehnsucht noch mehr. Sie fehlen mir. Umarmungen fehlen mir. Der physische Kontakt fehlt mir. Den habe ich auch sonst nicht häufig, auch wenn ich im Zusammenhang mit meiner therapeutischen Arbeit Menschen berühre. Aber dann ist es eine professionelle Seite und nicht persönlich. Es ist jeweils ein Moment, den ich auch wieder loslasse, nicht mit nach Hause nehme. Jetzt wird mein Herz schwer, denn ich begreife, dass ich mich in der Vergangenheit wohl selbst belogen habe. Obwohl ich mir weisgemacht habe, dass die Waagschalen ausgeglichen sind, war die Balance von Nehmen und Geben nie wirklich vorhanden. Jetzt, wo ich mitten auf dem Atlantik nichts an physischem Kontakt geben kann, merke ich, dass das Nehmen oder das Empfangen von Berührungen auf Wasser und an Land fast gleich sind, sehr wenig bis inexistent.

Es fehlt mir an Kraft, an Licht. Und das ausgerechnet an Weihnachten! Beim Heraussuchen der Briefe meiner Eltern entdecke ich ein Paket meiner Freundin Nadine, das sie offenbar an Bord geschmuggelt hat. Es sind drei Geschenke darin, eines für meinen Geburtstag nächsten Monat, ein kleines für Neujahr und eines für heute. Oh, wie schön! Ich öffne es, und zum Vorschein kommt ein etwa dreißig Zentimeter großer geschmückter Weihnachtsbaum mit künstlichem Schnee drauf. Er ist die perfekte Ergänzung zu dem mickrigen Weihnachtsschmuck, den ich eingepackt habe. Eine drahtige Girlande mit goldenen Sternen dran. Spontan ergreife ich die drei solarbetriebenen Lichterketten, die sonst meiner Kabine einen Hauch von tropischer Beach-Bar verleihen, hole die Rolle mit den Partylichtern an Deck und hülle mein Boot und mich in Licht. Neben dem Weihnachtsbaum in der Ecke nehme ich mein Nachtessen ein. Mir fehlt die Energie, aus dem Essen ein großes Tamtam zu machen, und schaufle den Inhalt der Tüte in mich hinein. Hauptsache, ich habe wieder Kalorien zu mir genommen.

Es ist ein schwieriger Moment, ich merke, dass sich ein gewisser Automatismus breitgemacht hat. Ich bin nicht wirklich da, nicht wirklich präsent und genieße den Moment auch nicht. Und doch ist es wichtig, dass ich eine Erinnerung auch an die unangenehmen Aspekte meiner Reise bewahre. Ich zwinge mich, meine Gedanken in eine kleine Nachricht zu fassen, die ich an Land schicke. Ich kann mich erinnern, in der Vergangenheit hauptsächlich lachende, fröhlich feiernde Gesichter auf Fotos anderer Ruderteams gesehen zu haben. Ging es denen wohl wirklich gut? Bin ich die Einzige, die so viel Mühe mit diesem Feiertag hat?

Meine Weihnachtsnachricht ruft dazu auf, das, was mir am meisten fehlt, zu tun und zu genießen. Familie und Freunde in die Arme zu schließen und ihnen zu sagen, wie gern man sie hat. Es kostet mich Überwindung, nicht gleich loszuheulen, wenn ich mich selbst reden höre. Irgendwie schaffe ich es und packe beim ersten Frösteln alle Dekorationen wieder weg. Eine Tablette gegen die wieder stärker werdenden Schmerzen, und schon ist Weihnachten 2019 abgeschlossen.

23° 20.48 N, 022° 24.73 W – Reggie

Heute ist der letzte Tag, an dem ich Antibiotika zu mir nehme. Irgendwie fühlt es sich nicht wie ein normaler Therapieverlauf an, den ich von Blasenentzündungen kenne. Dann verschwinden nämlich die unangenehmen Symptome jeweils sehr schnell. Mein Husten ist immer noch reizend, und das nicht im positiv gemeinten Sinn. Vielleicht brauche ich die regelmäßigen Anfälle noch, damit ich mich noch nicht überfordere und zu viel aus mir herausholen möchte. Ich beobachte schon seit ein paar Tagen, dass ich meinen Körper ähnlich wie eine Zitrone behandle, die schon komplett ausgepresst ist. Irgendeine meiner Hirnwindungen scheint einen Kurzschluss zu verursachen und so zu tun, als wäre noch mehr möglich, als könne noch ein Tropfen mehr Saft gewonnen werden. Die Retourkutsche erreicht mich postwendend, denn ohne die vielen Pausen und Morgen-, Mittags- oder auch Nachmittagsschläfchen auf Deck wäre ich nicht durch den Tag gekommen.

Begleitet werde ich auch heute nicht nur von viel Musik, sondern schmerzenden Rippen. Jede Bewegung braucht Überwindung, aus der Kabine zu klettern gleicht einem Albtraum. Oftmals halte ich den Atem an, wenn die Wellen unruhig sind, damit sich der Oberkörper nicht zu stark auf die Seite neigt.

In den Telefonaten mit John zum Wetter und mit dem Sicherheitsteam spreche ich hauptsächlich von meinem Gesundheitszustand. Ich möchte mich auf keinen Fall als Opfer meiner Situation darstellen, doch die gut gemeinten Ratschläge, die ich erhalte, scheinen genau dieses Bild widerzuspiegeln.

»Du musst einfach nur rudern.«

»Rudere weiter!«

»Rudere noch ein bisschen länger.«

Was haben die denn alle für Vorstellungen, was ich hier draußen mache? Schach spielen? Fahrrad fahren? Ich fühle mich nicht richtig wahrgenommen, denn bis jetzt habe ich keine einzige Pause gemacht, die nicht unbedingt notwendig war, um diese Überquerung zu schaffen. Natürlich versuche ich, aus jeder Ruderunterbrechung das Beste herauszuholen, aber absichtlich nicht rudern, weil ich keine Lust dazu habe, das kenne ich nicht. Komplimente und Aufmunterungen wie »Du machst das super!« und »Mach weiter so!« gehen in meinem heutigen Gemütszustand total unter, ich scheine sie gar nicht zu hören. Meine Gedanken haben bereits die Abzweigung zur Abwärtsspirale genommen, begleitet von einem äußerst ungeordneten Wellengang. »*Confused sea* – verwirrte See« ist wahrlich ein passender Ausdruck, der auch auf meine Situation und Stimmung Einfluss nimmt. Krampfhaft versuche ich, Kurs zu halten und mich ein wenig vom Fleck zu bewegen. Mache ich etwas falsch? Meine Gedanken in der Abwärtsspirale hängen sich an diese Frage.

Habe ich eigentlich mein Leben bis jetzt falsch gelebt? Ich gebe mir solche Mühe, strenge mich an, gehe auf Menschen zu, möchte Kontakte knüpfen. Sollte ich besser abwarten und Menschen auf mich zukommen lassen? Aber das habe ich doch immer wieder probiert, und am Ende stehe ich wieder, wie beim Leiterspiel, am Anfang und setze meine Suche aufs Neue fort. Aber was suche ich?

Ich bin durch meine Mobbingerfahrungen schon früh an das Konzept vom Gleichgewicht von Körper, Geist und Seele herangeführt worden. Natürlich konnte ich dies am Anfang nicht in Worte fassen, doch vor allem im Gymnasium erfuhr ich, wie sich diese Balance anfühlt. Meine Seele litt durch die psychischen Spielchen meiner Mitschülerinnen und später auch Mitschüler. Mein Kopf suchte nach Möglichkeiten, die aufgerissenen Wunden bestmöglich zu verarzten. Und mein Körper wurde zum verbindenden Instrument.

Die Desinfektion meiner seelischen Wunden fand ich intuitiv in Form physischer Betätigung. Klar, es half, dass meine Eltern schon Marathons gelaufen sind und wir in meiner Kindheit oft wandern und auf Fahrradtouren waren. Und es half auch, dass wir in meiner Teeniezeit dreihundert Meter vom Waldrand entfernt wohnten. Ich fing an, im Anschluss an die wohltuenden Küchengespräche mit meiner Mutter die Laufschuhe zu schnüren und im Wald joggen zu gehen. Meine kurze Runde dauerte 35 bis 40 Minuten, die lange zehn Minuten länger. Der Duft der Nadeln auf dem Boden, die Ruhe des Waldes und das Farbenspiel der sich verändernden Laubbäume schienen eine beruhigende Wirkung auf mich zu haben, und ohne es zu realisieren, rannte ich drei- oder viermal pro Woche durch den Wald. Die Natur hatte nicht nur eine desinfizierende Wirkung auf meine Wunden, sondern sie heilte sie auch.

Damit war die Arbeit der seelischen Wundheilung seitens meines Kopfes aber noch nicht abgeschlossen. Ein Heilungsprozess wird bekanntlich zeitgleich von oder dann ineinanderfließend mit Stärkungs- oder Kräftigungsmaßnahmen begleitet. In meinem Fall war die Strategie so, dass ich den Zugfahrten mit meinen Mitschülerinnen so oft wie möglich aus dem Weg ging. Selbst beim Warten auf den Zug am anderen Ende des Bahnsteigs konnte ich die angriffige Energie wahrnehmen. Zum Glück besaß ich ein violett-weißes Rennrad, mit welchem ich bei schönem Wetter den knapp acht Kilometer langen Schulweg zurücklegte. Mit der Zeit kamen weitere Ausfahrten über die Hügelzüge am Rande der südlichen Jurakette hinzu, die mir ein Gefühl des inneren Gleichgewichts brachten und mich so von Tag zu Tag allen Widrigkeiten zum Trotz das Haus morgens mit einem Lächeln verlassen ließen.

Durch die Ausbildung zur Schwimmbadaufsicht war Schwimmen eine Zeit lang auch Teil meiner physischen Aktivitäten, doch entsprach mir das schwerelose Treiben im Wasser mehr, als so schnell wie möglich gegen die Zeit durchs Wasser zu kraulen. Erst Jahre später realisierte ich, dass aus mir auch eine Triathletin hätte werden können, doch glaube ich, dass dies nicht meine Bestimmung war, denn dafür fehlt mir der ausgeprägte Wettkampfsinn. Sport gab mir die Kontrolle über einen Bereich, bei dem nur ich das Sagen hatte. Die aktive Bewegung in der Natur gab mir so viel, dass ich mir nur selten eine Startnummer ans T-Shirt heftete und Volksläufe bis zur Halbmarathondistanz von 21,1 Kilometern absolvierte. Natürlich, ich habe mich selbst mit meinen anderen persönlichen Resultaten verglichen, doch da ich am Arm lediglich eine simple Armbanduhr trug, war meine Zeitmessung eher Handgelenk mal Pi und am Ende sekundär. Eine Ziellinie zu überqueren, war immer das Highlight.

Mit der gesteigerten Aktivität brauchte ich auch eine größere Kalorienzufuhr. Als Kind war mein Speiseplan sehr reduziert, und mein Kinderarzt war schon zufrieden, dass ich immerhin einen Liter Milch pro Tag trank. Erst gegen Ende meiner Schulzeit verschwand dieser Konsum langsam, aber definitiv. Schokojoghurt, Fleisch, Kartoffeln, Pasta und Brot waren meine regelmäßigen Energielieferanten, wobei ich Kartoffeln als Gemüse betrachtete.

Zusammen mit den seltenen Erbsen-Karotten-Beilagen aß ich in meinen Augen ausreichend Grünzeug. Obst war nicht so mein Ding, ich konnte mich manchmal durchringen, eine Banane zu verspeisen. Äpfel und Birnen aß ich eher widerwillig, und Beeren jeglicher Art schmeckten mir nicht. Bei Käse rümpfte ich die Nase, und rohe Tomaten konnte ich auch nicht essen, Tomatensoße oder Ketchup waren hingegen kein Problem.

Hinsichtlich absoluter Favoriten und immer griffbereit ließ mich mein Geist, höchstwahrscheinlich auch etwas intuitiv beeinflusst, eine Wahl fürs Leben treffen: Schokolade. Am liebsten Schweizer Schokolade. Physiologische Prozesse waren mir damals nicht bekannt, Tryptophan, ein Bestandteil von Schokolade, ebenso wenig wie Serotonin, das Glückshormon, welches im Körper mithilfe des Tryptophans gebildet wird. Eigentlich war mir der theoretische Teil dieses Prozesses nie wichtig, sondern einzig und allein, wie ich mich nach dem Verzehr gefühlt habe: gut. Und ja, Zucker gab mir jederzeit den nötigen Energieschub.

Glücklicherweise gab es bei uns zu Hause immer genug Schokolade in der Süßigkeitenschublade. Manchmal fragte ich mich, ob meine Mutter nicht stutzig wurde, wie schnell die Tafeln Schokolade weg waren. In der Schule war ich in jeder Pause treue Kundin in der Mensa und aß schon vor dem Mittagessen insgesamt 140 Gramm Schokolade in Form von Stängeln, sogenannte Prügeli. Dass sich mein enormer Schokoladenkonsum kaum auf den Hüften und anderen Körperteilen niedergeschlagen hat, war sicher zum Teil auch auf mein Bewegungspensum zurückzuführen und änderte sich dann über die Jahre ein wenig. Auch ich war nach der Pubertät nicht vor Gewichtszunahmen gefeit und passte meinen Konsum meiner physischen Aktivität über die Jahre immer wieder an.

Die Liebe zur Schokolade versiegte jedoch nie. 2014 wollte ich aus Spaß herausfinden, wie viel Kilogramm ich ungefähr in einem Jahr verzehre, und bewahrte die Außenverpackungen auf. Am Ende kam ich auf rund 35 Kilogramm Schokolade in Tafelform, was damals mehr als dreimal so viel wie der Durchschnittskonsum eines Schweizer Schokoladenessers bedeutete, der mit 11,7 Kilogramm beziffert wurde. Ich war eher belustigt als alarmiert und dachte, es braucht auch Schokoladenesserinnen, die aus der Reihe tanzen.

Mit gespielter Überzeugung beiße ich in den zweiten Nussriegel aus meiner heutigen Snacktüte. Die Süße lässt bestimmte Hirnregionen aktiv werden, und meine Freunde Dopamin und Serotonin besänftigen mein System ein bisschen.

»Alles ist gut, du bist gut, und dir geht es gut«, scheinen sie mir zuzujubeln. Ich sitze auf meiner Ruderposition, kaue achtsam auf den Cashewnüssen mit gehärtetem Glukosesirup-Honig-Gemisch herum und betrachte das unruhige Wasser.

Ja, diese Atlantiküberquerung ist ein wenig wie mein Leben. Heute sind wir an einem eher schwierigen Moment angelangt, und ich werde schmerzhaft an Dinge erinnert, die ich lange erfolgreich verdrängt habe. Jahrelang habe ich versucht, ein Teil der Gemeinschaft zu sein, in der ich lebe, habe mich den Gepflogenheiten angepasst, die scheinbar vorgegeben wurden. »Nur nicht anders sein« war meine Devise. Und gleichzeitig will ich doch wahrgenommen werden, will aus der gefühlten Unsichtbarkeit herauskommen. Diese Diskrepanz ist anstrengend. Tief im Herzen verspüre ich einen Stich, denn mir kommen die Zeilen aus einem der erst gestern gelesenen Briefe meiner Mutter in den Sinn:

»Du hast immer deine Andersartigkeit gelebt. Du gingst deinen Weg, was ich selbst oft nicht richtig verstand. Heute weiß ich, wie richtig und wichtig das für dich ist. Du hast uns und der Welt so viel gegeben und gibst immer noch. Ich danke dir für alles – jetzt geh deinen Weg – Gott möge dich beschützen!«

Nicht einmal meine Mutter hat mich verstanden. All diese Mühen waren vergeblich, ich war, bin und bleibe anders, ein komischer Paradiesvogel, den niemand so richtig versteht. Jetzt rollen die Tränen wieder ungebremst über meine Wangen. Diese Überquerung ist wirklich genauso herausfordernd, wie es mein Leben meistens auch ist. Traurigkeit geht nahtlos in Genervtsein über, und ich ertrage die Stimme, die aus dem Lautsprecher plärrt, nicht mehr. Ich bringe sie mit einem Knopfdruck zum Verstummen. Mit dem Ärmel meines Sonnenschutzshirts trockne ich meine Wangen. Jetzt ist der Moment, mir einen der Motivationssätze meines Lebens in Erinnerung zu rufen und danach zu handeln.

»Ich habe immer die Wahl, wie ich eine Situation betrachten möchte.«

Es ist logisch, dass ich in einer emotionalen Abwärtsspirale meist eine kurze Stippvisite in der Opferecke mache und die negativen Aspekte klarer sehe als die positiven. Meist beinhaltet aber das Erkennen eines Problems, einer Herausforderung oder Situation bereits die Lösung. Und so ziehe ich jetzt die Handbremse, um aus dem Loch, in das ich mich emotional hineinmanövriert habe, wieder herauszukommen. Dazu kommt mir der Anfang eines der Briefe meines Vaters zu Hilfe.

»Es war ein sehr, sehr guter Entscheid, dass du dich dazu entschlossen hast, dich allein auf die Reise zu begeben. Ich glaube, von all den anderen Teilnehmern hättest du wohl niemanden getroffen, der dich verstanden hätte. Denn aus meiner Wahrnehmung verstehe ich deine Reise in erster Linie nach innen. Und eine solche Reise kann nicht scheitern, niemals!«

Jawohl. Auch wenn sowohl meine Mutter als auch mein Vater erkennen, was ich mein gesamtes bisheriges Leben versucht habe zu vermeiden, ist mein Anderssein so, wie es nun mal ist. Es ist an der Zeit, dass ich das nicht nur akzeptiere, sondern auch feiere.

Ich spüre, wie nicht nur ich mich augenblicklich besser fühle, sondern sich auch die Wellen neu sortieren und regelmäßiger auf mich zurollen. Meine Ruder tauchen gleichmäßig ins Wasser und ziehen mich zwar immer noch langsam, aber stetig voran. Plötzlich erblicke ich erneut den kleinen braunen Vogel, mit dem ich wohl vor ein paar Tagen einen Zusammenstoß hatte. Ich sehe, dass er, wie jeden Tag, erst einmal im Gegenuhrzeigersinn um mein Boot fliegt und dann auf der Höhe meines Kopfes, rechts neben mir, kurz an Ort und Stelle schwebt. In dem Moment taucht das Blatt meines Ruders auf derselben Seite aus dem Wasser auf, und der Vogel fliegt sofort etwas weiter weg.

»Hab keine Angst«, rufe ich ihm zu, »die Ruder tun dir nichts!«

Meine Freude, den kleinen Vogel wiederzusehen, lässt mich ihn spontan zum neuen Freund ernennen. Und ein Vogelfreund sollte einen Namen haben. Miss Universe, mein Boot, ist auf ihre eigene Weise schon beinahe royal, und so entscheide ich mich spontan für Reginald, kurz Reggie. Keine Ahnung, woher ich den Namen kenne, aber er hört sich adlig an und passt in meine kleine Welt hier auf dem Atlantik.

Manchmal ist Reggie in Begleitung eines anderen Vogels unterwegs, sicher eine gute Freundin, wie ich vermute. Sie ist auch braun, aber etwas größer. Ich habe ihr den Namen Betty gegeben. Betty ist heute nicht dabei, und so erzähle ich nur Reggie von den Wellen, die mit mir halloweenmäßig »Süßes oder Saures« spielen. Ich habe leider nichts Süßes für die Wellen, und so geben sie mir regelmäßig Saures. Oder auch Salziges. Immer wieder tun sie so, als ob sie fast sanft an die Bootsseite klatschen wollen, um dann im letzten Moment eine kleine Krone Wasser knapp über den Rand von Miss Universe auf Deck zu schieben, die das gesamte Deck, meine Schuhe und meinen Rollsitz inklusive Gesäß mit Meerwasser tränken. Beinahe höre ich das Wasser kichern, und wieder habe ich die Wahl, mich zu ärgern oder ins Gelächter mit einzustimmen. Ich entscheide mich für Letzteres, denn die Natur macht, was die Natur macht. Mein kleiner Geist, das weiß ich, hätte keine Chance, falls er sich auf ein Kräftemessen einlassen würde. Immerhin habe ich einen sehr guten Grund, später meinen Körper mit viel Frischwasser zu waschen.

Auch wenn ich gefühlt wieder nicht vom Fleck gekommen bin und noch 2.225 Seemeilen vor mir habe, so bin ich auf die heute insgesamt zwölf Stunden Rudern stolz. Meine Kraft scheint langsam zurückzukehren.

22° 42.71 N, 023° 11.15 W – Heilung

Es ist mitten in der Nacht, und ich werde von lauten Stimmen unsanft aus dem Schlaf gerissen. Mein Funkgerät ist immer eingeschaltet, der Lautstärkeregler auf maximal gedreht, denn ich traue mir zu, Stimmen und Geräusche in meine Träume einzubauen und durch eventuell wichtige Funksprüche durchzuschlafen. Dieses Mal ist es aber kein Traum, auf Kanal 16 wird eine laute Diskussion auf Portugiesisch geführt. Ich schnappe immer mal wieder »obrigado«, das Wort für »danke« auf, verstehe sonst aber nur Bahnhof oder eben Lärm. Der Tonfall der beiden Herren ist freundlich, und ich male mir aus, dass sie vielleicht aus demselben Ort in Brasilien stammen. Ich würde in dem Fall wohl auch vergessen, dass es für private Funkunterhaltungen noch viele andere Kanäle gibt, auf die man die Frequenz anpassen kann.

Mit einem gequälten Stöhnen drehe ich mich in meiner Kabine auf die andere Seite und schlafe nach Ende der Unterhaltung wieder ein. Ein paar Stunden später holt mich der mieseste aller Töne auf dem Boot aus dem Schlaf. Mein Wecker klingelt, es ist vier Uhr, Tagwacht.

Was ist mit meinem rechten Auge los?!

Es lässt sich kaum öffnen, und der Knochen rund um den Augapfel schmerzt höllisch. Meine rechte Hand steckt noch in der für mich angefertigten Streckschiene. Eine Gruppe von Forschern möchte herausfinden, ob das nächtliche Tragen einer solchen Schiene das Vorkommen von Schnappfingern oder blockierten Fingergelenken vermindert. Ich hatte mich noch auf La Gomera dazu bereit erklärt, bei der Studie mitzumachen.

Bequem ist sie nicht, auch wenn sie an meine Hand angepasst wurde.

Ich löse die Klettverschlüsse, um mit der rechten Hand den kleinen Taschenspiegel ergreifen zu können. Dank der kompakten Größe meiner Kabine kann ich im Liegen jeweils mit einem Handgriff nicht nur mein »Bad«, sondern auch die Minibar, mein Büro, den Kleiderschrank und den Technikraum erreichen. Mein beinahe zugeschwollenes Auge erblickt das Ausmaß der Schwellung im Spieglein und kann auch noch knapp ein unsichtbares großes Fragezeichen auf meiner Stirn ausmachen.

Was ist passiert?

Es kann mich ja kaum ein Insekt ins Gesicht gestochen oder gebissen haben. Ich verstaue die ungeliebte Handschiene und halte kurz inne. Hatte ich mich in der Nacht nicht auf die rechte Seite gedreht und dabei meine Hände unter den Kopf gelegt? Das muss es sein! Ich habe mit der Kante der Handschiene auf meinem Auge geschlafen. Kein Wunder, dass die Druckstelle sich abzeichnet. Amüsiert lege ich den kleinen Spiegel wieder weg und hoffe, dass sich die Schwellung schnell wieder legt. Obschon mich hier draußen ja niemand sieht, besteht trotzdem eine gewisse Notwendigkeit, meinem Körper Sorge zu tragen. Das Aussehen reduziert sich auf der Wichtigkeitsskala auf ein Minimum, das Wohlgefühl ist dafür umso relevanter. Das aktuelle Wohlgefühl ist heute Morgen auf einem weiteren Tiefpunkt angelangt. Und dieser Tiefpunkt sehnt sich nach einem Griff in die Trickkiste meiner Motivationssätze. Heute sticht das Schlagwort »Highlight« hervor.

»Finde in jeder noch so schlechten Situation ein Körnchen Gutes. Konzentriere dich darauf, unterstreiche es, geh mit dem

Leuchtstift drüber, richte die Scheinwerfer darauf. Je länger du dabeibleibst, desto größer wird das Körnchen Gutes und transformiert die Situation.«

Mein Auge ist zugeschwollen, die Nacht war durch eine unnötige Ruhestörung unterbrochen, und ich würde heute nicht viel anderes machen als Rudern. Wo ist dieses Körnchen, auf das ich mich konzentrieren kann? Frustriert greife ich nach meinem Seesack, der, ähnlich wie eine Handtasche, meine täglichen Essentials beinhaltet. Und bin erstaunt, dass meine Rippen nicht sofort einen heftigen Schmerz vermelden. Das Rudern würde heute also sicher etwas angenehmer werden. Und so schnell habe ich das Körnchen Gutes gefunden und es bereits zum größeren Kieselstein anwachsen lassen.

Nach einem stillen Moment vor Sonnenaufgang begleitet mich das klassische Album *Spiegel der Stille* durch den Morgen. Die Sonne wärmt nun gegen Mittag wieder genug, sodass meine lange Hose und die Windjacke bereits wieder in der Kabine liegen. Es ist Zeit, den Tag auch musikalisch etwas aufzuwärmen. Dank Spotify auf meinem Telefon und meiner gesamten Musiksammlung, die ich vom Computer auf ein altes Telefon geladen habe, ist die Auswahl groß. Je mehr Musik ich höre, desto genauer nehme ich die Liedtexte wahr. Mir fällt auf, wie oft Sänger:innen von oder über die Liebe singen und »ihn« oder »sie« vermissen, verehren oder verwünschen.

Billy Ocean singt in *Suddenly*, dass sein Leben eine neue Bedeutung hat und dass er die Schönheit über sich erkennt. Spricht er da etwa vom Himmel und nennt Mutter Natur »girl«? Und ich frage mich, ob die Bangles in *Eternal Flame* vom Brennen der Liebe für einen Menschen, das Universum,

Gott oder eine andere Form von übergeordneter Liebe singen. Meine unterbrochene Nacht lässt mich noch auf Sparflamme rudern, und die Gedanken machen sich ein weiteres Mal selbstständig. Jedes langsame oder romantisch angehauchte Lied beginnt, sich in meinen Tag zu drängen, und zerrt gnadenlos die unterschiedlichsten Stationen in meinem Datingleben auf die große Bühne, direkt vor meine Nase, sodass ich mich nicht mehr entziehen kann.

Noch mit 13 Jahren trug ich immer noch gern meinen von Hand gestrickten Pulli mit dem aufgestickten Clown vorn drauf. Entsprechend war es nicht verwunderlich, dass sich meine Schwärmereien für Jungs lange komplett im Verborgenen abspielten. Nur mein Tagebuch erfuhr die genauen Details meiner Gedanken und Gefühle. Die ersten Versuche, meine Gefühle nach außen zu zeigen, waren bei mir, wie wohl bei jedem Teenager, aufgebaut aus einer Mischung aus Unsicherheit, Überforderung und Euphorie. Erst mit der Volljährigkeit fühlte ich, wie sich eine gewisse Form des Erwachsenseins auch im romantischen Teil meines Lebens breitmachte. Es war mir durch meine nicht ganz einfache Situation in der Schule nach wie vor ein Bedürfnis, gemocht und mit Respekt behandelt zu werden. Und meiner Meinung nach konnte ich dies erst erwarten, wenn auch ich meine Mitmenschen mit Respekt behandelte. Dass sich das nicht immer so abspielte, war Teil des Erfahrungensammelns und verantwortlich für viele vergossene Tränen.

Männer entwickelten sich für mich zu einer Spezies, die ich einfach nicht ganz verstehen konnte, sosehr ich mich auch bemühte. Was brachte Boris dazu, mir zum 19. Geburtstag rosarote Rosen, eine Packung Kekse und den Laufpass zu schenken? In genau dieser Reihenfolge. Und warum beendete Jonas unsere Beziehung am Tag vor Weihnachten? Ich hatte von einer Bekannten ein Moped ausgeliehen, um ihn zu Hause, auf dem Land, zu besuchen, weil er sich beim Sport den Kopf heftig angeschlagen und Bettruhe verordnet bekommen hatte. War dieser Schlag ein bisschen zu heftig ausgefallen, sodass eine Trennung unausweichlich war? Nachdem ich sein Haus verlassen hatte, kurvte ich im Schneegestöber, die Straße nur durch einen Tränenschleier erkennend, in die Stadt, um das Weihnachtsgeschenk zurückzubringen.

Das Bedürfnis nach Liebe und Zweisamkeit blieb weiterhin bestehen, und mit jeder negativen Erfahrung baute ich weitere Mauern um mich herum, damit mein Herz beschützt bliebe. Die Schwärmereien indes nahmen auch in meinen Zwanzigern nicht ab, und so ließ ich es auch immer wieder zu, dass Amors Pfeile mich trafen. Zum Glück hatte ich in der Mittelschule gelernt, nach außen die Starke zu mimen, und perfektionierte dies über die Jahre. Trotzdem schaffte es Lukas während meiner Studienzeit, mir so nahezukommen, dass wir auch intime Stunden genossen. Seine Aussage »Wir werden nie eine Beziehung haben, denn du bist kein Freundinnenmaterial!« traf mich komplett unvorbereitet und löste einen innerlichen Schock aus. In dem Moment war ich unfähig, etwas anderes als »Okay« von mir zu geben. Im Nachhinein nagte es an meinem Selbstwert. Was ist denn bitte Freundinnenmaterial? Ich bin doch kein Objekt! Ich war sehr verletzt. Der Ausdruck »Freundinnenmaterial« war so abstrus, dass ich mit meinem Verstand krampfhaft versuchte herauszufinden, was wohl an mir falsch war. War ich etwas zu dick? Trotz der regelmäßigen Laufrunden im Wald oder am Genfersee hatte ich eine permanente Schicht Unterbauchfett und auch sonst an den per se idealen Stellen Rundungen, welche Zeitschriften und die Gesellschaft als weiblich betitelten. Oder war ich einfach nicht nett genug? Sagte ich wieder »zu oft meine Meinung«? Man könnte meinen, dies seien Ausnahmen und solche Geschichten hätten Seltenheitswert.

Doch auch mit vierzig Jahren, nachdem Sven und ich uns wiederum auch intimer kannten, schaltete er aus dem Nichts heraus auf Funkstille. Ich würde mich als kommunikativen Menschen bezeichnen und suchte das Gespräch. Am Telefon achtete ich genau darauf, ihm keine geschlossenen Fragen zu stellen, denn aus den schlichten Antworten mit »Ja« und »Nein« ließ sich nicht ableiten, was ablief. Wiederum unvorbereitet wie schon zwölf Jahre zuvor traf mich seine Antwort: »Du hättest ja schon lange merken können, was es zu bedeuten hat, wenn ich mich nicht mehr melde. Du bist einfach nicht schön genug, um meine Freundin zu sein.«

Ein Teil verabschiedete sich augenblicklich von mir. Ich glaube, es war ein Teil meiner Seele, die solche Verletzungen einfach nicht mehr aushielt. Ein weiterer Teil, wohl die äußere Hülle um das Loch, das mein Seelenanteil hinterlassen hat, wurde zu Stein, hart und kalt. Wie betäubt beendete ich den Anruf und fragte mich, ob ich einen speziellen Filter auf den Augen trug. Im Bedürfnis, mich und meinen Körper zu lieben, betrachtete ich mich täglich im Spiegel und fand mich bis anhin sehr attraktiv. Sogar das Unterbauchfett war über die Jahre etwas weniger geworden, die Kurven und Rundungen waren geblieben. Zwischen den Episoden mit Lukas und Sven hatte Julien diese Kurven immer geliebt. Die Beziehung zu ihm hatte ich beendet, da wir einfach nicht zusammenpassten. Auch zehn Jahre später bedankte er sich dafür, dass ich ihn verlassen hatte, denn er hätte den Mut nicht dazu aufgebracht, obwohl es ihm auch klar war, dass wir langfristig keine gemeinsame Zukunft hatten.

Die Momente, in denen ich zu einem Date zusagte, wurden immer seltener. Ich wollte, dass der Mann sich auch einmal etwas bemühte. Wie Oliver, der mich per E-Mail kontaktierte, weil er meine Adresse aus dem Reservationssystem kopiert hatte, als ich einen Tisch für ein Mittagessen in dem Restaurant buchte, in dem er arbeitete. Mir war bewusst, dass dies nicht ganz okay war, doch imponierte mir diese Aktion auch ein wenig. Wir wollten uns um 18 Uhr am Bahnhof treffen, um dann spontan zu entscheiden, wo wir etwas zusammen trinken wollten. Um 18:15 Uhr war immer noch kein Oliver in Sicht. Auf meine SMS mit der genauen Beschreibung meines Standortes wie auch meinen Anruf kam keine Antwort. Zehn Minuten später entschied ich, mich auf den Heimweg zu machen. Ich hoffte, es sei ihm nichts zugestoßen, und dachte, die Klärung würde später am Abend oder morgen kommen. Das geschah nicht. Nichts, nada – als wäre dieses Date gar nie geplant gewesen.

Die leichten Momente in meinem Datingleben waren bisher sehr, sehr selten. Den Abend mit Liam, dem Iren aus Dublin, werde ich jedoch nie vergessen. Beim Feierabendbier in der Abendsonne hatte mich mein Bekannter soeben verlassen, weil seine Nachtschicht bald begann. Um meinen Platz zu sichern, bat ich die Männerrunde am Nebentisch, kurz auf meinen Platz, mein Bier und meine Sachen zu achten, damit ich die Toilette aufsuchen konnte. Bei meiner Rückkehr stand mein Bier auf ihrem Tisch, mein Stuhl war der Gruppe zugedreht, und sie luden mich ein, mit ihnen den Arbeitstag ausklingen zu lassen. Es wurde ein lustiger Abend, in dessen Verlauf wir zu viert noch weiterzogen, bis es Zeit war, nach Hause aufzubrechen.

Einen der drei Männer, Liam, fand ich sehr attraktiv und schätzte es auch, dass mich weder er noch die anderen zwei offensiv anmachten. So war mir auch wohl, als Liam und ich dieselbe Richtung einschlugen, um nach Hause zu gelangen. Vor seinem Wohnhaus fragte er mich spontan, ob ich Lust auf einen Schlummertrunk bei ihm hätte. Ebenso spontan und mit gutem Gefühl sagte ich zu. In der Wohnung angekommen, geriet der Drink dann sofort in Vergessenheit, denn wir fingen an, uns zu küssen. Auch das fühlte sich gut an, und wir bewegten uns, immer mehr Kleider verlierend, in Richtung seines Bettes. Und dann geschah wiederum etwas sehr Unerwartetes. Liam hielt plötzlich inne und ließ von mir ab. Er schaute mich an und sagte: »Nein, es ist zu spät.«

Etwas verwirrt gingen mir die Gedanken an die Uhrzeit, den morgigen Arbeitstag und die Frage, warum er mich dann überhaupt eingeladen hatte, durch den Kopf. Um nicht vorschnell zu urteilen, fragte ich ihn, wie er dies meinte. Auf seine Antwort war ich nicht gefasst.

»Es ist wirklich zu spät. Ich bin definitiv schwul.«

Perplex schaute ich ihn an und fragte, um einen neutralen Tonfall bemüht: »Und um das herauszufinden, hast du dir gedacht, du schleppst mich ab? Im Sinne von: ›Wenn es mit der nicht klappt, ist der Zug definitiv abgefahren‹?«

Liams Gesichtsausdruck sah nun aus, als ob er nicht sicher wäre ob ich ihm demnächst die Nachttischlampe an den Kopf schmeißen würde. Fast entschuldigend sagte er nur: »Ja.«

In dem Moment hätte ich wütend, genervt, enttäuscht oder in irgendeiner anderen negativen Form reagieren können, ihm Schimpfwörter ins Gesicht schreien oder komplett ausrasten können, die Nachttischlampe stand ja direkt neben mir. Doch ich brach einfach nur in herzhaftes Lachen aus. Die Situationskomik war unbezahlbar, und nach einem kurzen Moment stimmte Liam dankbar in mein Lachen ein. Wir zogen uns T-Shirts an, schliefen nebeneinander ein und genossen am nächsten Morgen zusammen ein gemütliches Frühstück. Später ließ ich mir den Abend nochmals durch den Kopf gehen und empfand seine Abschleppaktion als Kompliment. Nach welchen Kriterien er mich als »mit der oder keiner mehr« ausgewählt hatte, erfuhr ich nicht, doch hatte er sich für mich entschieden, obschon er bestimmt schon zu 98 Prozent sicher war, dass er nicht auf Frauen steht. Ich sagte mir, dass meine Attraktivität bestimmt etwas damit zu tun habe, und grinste mich die nächsten paar Wochen im Spiegel noch etwas breiter an.

Meine gedankliche Zeitreise gräbt sich durch die musikalische Begleitung tief in mein Herz, die Mauern brechen weg. Unaufhaltsam teile ich jedes Wort einer Situation in meiner Vergangenheit zu. All die schmerzenden Momente, die ich weggesperrt hatte, werden sichtbar und spürbar. Roxette singen in *It Must Have Been Love* vom allein Aufwachen und der Stille, die herrscht. Ich fühle mich auch gerade allein, habe mich schon so oft allein gefühlt, auch wenn aktuell meine Stille, wohl anders als bei Roxette, hier in Form von Wind und Wellen dominiert wird. Wie gern wäre ich jemandes *Sunshine of My Life*, wie es Stevie Wonder besingt! Würde ich irgendwann mal im Leben denselben Effekt auf einen Mann haben, wie ihn Billy Joel in seiner Ballade *She's Got a Way* beschreibt? Und falls es dann doch nicht funktionieren sollte, spricht mein Partner oder eben dann Ex danach auch von mir wie die Commodores von der Frau in *Three Times a Lady?*

Diese unzähligen Wunden, die kleinen Schnitte, welche mir über die Jahre zugefügt wurden, werden heute nicht nur für mich sichtbar, sondern sind auch gleichzeitig dem Salzwasser ausgesetzt und brennen höllisch. Meine Schwester hat bestimmt recht, wenn sie sagt, Salzwasser auf offenen Wunden sei etwas Gutes. Am Anfang brennt und schmerzt es, doch gleichzeitig beginnt auch die Heilung jeder dieser Verletzungen.

Die Situation mit Liam hatte zwar etwas Positives, doch überwiegen die schlechten Erlebnisse, wenn ich die letzten 25 Jahre genau betrachte. Es kann ja nicht nur an den Männern liegen, dass ich immer noch allein durchs Leben gehe. Auf eine sonderbare Weise schaffe ich es nicht, mein Erlebtes zu relativieren, in ein anderes Licht zu rücken, und suche den »Fehler« bei mir. Und werde auch sofort fündig. Wie oft habe ich in der Vergangenheit gehört, ich sei egoistisch, rechthaberisch und müsse immer das letzte Wort haben? Auch fehlende Selbstreflexion und groteske Selbstüberschätzung wurden mir schon an den Kopf geworfen. Es muss also stimmen, denn sonst ergeben meine gemachten Erfahrungen ja keinen Sinn.

Mein Blick löst sich kurz von den heranrollenden Wellen und wandert hinunter auf meine Beine. Beide Knie haben Schorf, der durch das Knien auf Deck immer wieder weggescheuert wird. Super, zwei weitere Narben auf meinen bereits von unzähligen weiteren Narben übersäten Beinen. Ich werde nie Tattoos brauchen, mein Leben zeichnet mich schon ausreichend. Der Ausdruck »samtige Beine« trifft bei mir nicht zu. Zu oft bin ich an Türrahmen oder Bettkanten geknallt. Mein Blick heftet sich wieder auf das Meerwasser, und meine Augen fügen ihren Anteil an Salz in Form von Tränen hinzu. War ich schon einmal in meinem Leben so unglücklich? Monica singt jetzt in *For*

You I Will über die Dinge, welche sie für mich tun wird, wenn meine Welt kopfüber steht. Für mich überquert sie den Ozean und holt mir den Mond. Meine Tränen fließen nun noch mehr, und mein Heulkrampf macht Rudern unmöglich. Was kann ich tun, dass es mir besser geht, wo ist das Körnchen Gutes, auf das ich mich konzentrieren kann? Wie ein Häufchen Elend sitze ich da und finde den Ausweg aus meinem Wirrwarr an Gedanken nicht.

Meine Schwester hat mir, wie meine Eltern, ein paar Briefe vor meiner Abreise übergeben. Ich hole die Schutzhülle hervor und greife zum Brief mit der Aufschrift »Feeling lonely«. Werden die Zeilen mir den Weg aus meiner gedanklichen Unordnung weisen?

»Liebe Gabi. Nicht all-eins heute? Obwohl unter Dir Millionen von Lebewesen schwimmen und paddeln? Über Dir fliegen die Zugvögel – Hunderte, Tausende. Und die Monarch-Schmetterlinge. Wusstest Du, dass sie den Ozean überqueren können? Ja, genau wie Du. Glaubst Du, die Wale singen auch, wie einsam sie sich fühlen? Weinen sie?

In Brasilien ist das Rezept gegen Einsamkeit die Saudade. Wer liebt, empfindet Saudade – Sehnsucht – und merkt dabei, dass sie geliebt wird und liebt. Das hilft. In dieser Raum-Zeit bin ich auch auf der Erde und liebe Dich. Der größere Neffe liebt Dich. Der kleinere Neffe liebt Dich. Auch wenn Du uns jetzt nicht siehst und am liebsten mit mir einen Chai holen gehen würdest. Doch das werden wir wieder. Bald! Am liebsten irgendwo am Meer. Das Meer hast Du ja schon um Dich. Und manchmal ist es halt so weit, und die Hände tun weh, oder die

Wellen sind hoch, der Wind macht vielleicht kribbelig, und: Es ist weeeeeeit. Aber. Es hat ein Ende.«

Ich lasse die DIN-A4-Seite sinken und spüre meine Schwester ganz nah und doch so fern. Ich vermisse sie so sehr. Genau das tippe ich jetzt in mein Telefon, um es ihr in einer SMS über das Satellitenmodem zusenden zu können. Sie scheint gerade Zeit zu haben, und sofort erhalte ich eine Antwort.

»Jede Meile bringt Dich näher nach Hause! Go! Go!« und »Nur Mut, meine Liebe. Du machst das toll!«.

Ich erzähle ihr per SMS von meinen Gedankengängen und den Erinnerungen, in denen mir gesagt wurde, ich sei einfach nicht schön genug. Worauf sie mit »Wow, hätte nicht gedacht, dass Dir auch so was passiert ist, Mrs Beauty!« antwortet. Ein Teil von mir ist erstaunt, dass es sogar für meine Schwester eine Überraschung ist, solche Dinge von mir zu hören. Ihre nächste SMS bringt mich zum Grinsen. Etwas trocken höre ich sie feststellen: »Typen, die nur auf Schönheit setzen, haben ab vierzig einen Bierbauch und tragen Poloshirts.« Poloshirts finde ich per se nicht so schlimm, aber ihre Aussage ist bildlich sehr treffend, und ich beruhige mich langsam. So ganz verkehrt bin ich offenbar doch nicht. Zur Sicherheit füge ich noch an: »Ich sehe heute den Sinn meines Lebens nicht wirklich.« Worauf sie mich auf Augenhöhe abholt und mir versichert: »Das geht uns allen manchmal so, glaub mir … Einfach weiterrudern … Es hat alles einen Sinn!!!«

Was würde ich ohne meine Schwester machen? Ich lese ihre Zeilen, höre ihre Stimme, spüre sie ganz nah und finde mit ihrer Hilfe meine Mitte wieder. Auch wenn ich den Sinn meiner

Situation gerade nicht sehe oder verstehe. Vielleicht eröffnet sich mir der Blick dafür, wenn ich wieder festen Boden unter den Füßen habe. Ich beschließe, diese Suche auf später zu verschieben.

22° 21.87 N, 024° 9.60 W – Tischbeine

Täglich um vier grüßt das Murmeltier. Oder eben mein Wecker, der mit einem Klettverschluss neben der Technikkonsole oberhalb meines Kopfes so befestigt ist, dass ich mich aufrichten muss, um ihn auszuschalten. Diese Konstruktion habe ich mit voller Absicht vorgenommen, denn ich kenne mich. Ich gehöre zu den Menschen, die »nur noch fünf Minuten« liegen bleiben möchten und mit noch geschlossenen Augen, meist von einem leichten Murren begleitet, die Schlummertaste drücken, um dann eine Dreiviertelstunde später zu realisieren, dass es nicht die Schlummertaste, sondern die Aus-Taste war. Dies ist dann meist der Moment, in dem ich den Versuch unternehme, einen neuen Weltrekord im Vom-Bett-zum-Bus-Bewegen aufzustellen. Teildisziplinen: Duschen, Zähneputzen, Schminken und frische Kleider anziehen, welche auch noch farblich aufeinander abgestimmt sein sollten. Mein aktueller Rekord liegt bei sieben Minuten.

Heute fährt kein Bus, und mein Murren lässt den Wecker auch nicht für nur fünf Minuten verstummen. Ich setze mich auf, knipse das kleine Kabinenlicht an und bringe den Wecker zum Schweigen. Ich fühle mich wie durch den Fleischwolf gedreht. Wo ist die Kraft, die ich in der Vorbereitung jeweils am Morgen verspürt habe? Bin ich immer noch von meinem Infekt geschwächt? Oder habe ich einen Rückfall? Mir ist bewusst, dass ich meine Symptome lange ignoriert habe und mich gesünder gezeigt habe, als ich war. Zeigt mir mein Körper jetzt, dass auch ich nicht mit dem Kopf durch die Wand kann?

Das Frühstück ist eine von zwei Mahlzeiten, die ich seit gestern ohne Probleme zu mir nehmen kann. Das macht mit den Snacks bereits 1.800 Kilokalorien. Ja, ich rede mir Dinge schön. 1.800 Kilokalorien sind bei Weitem nicht genug Energie, wenn ich bis zu zwölf Stunden täglich rudere. Mein Blick senkt sich auf meinen Bauch, und ich erkenne immer noch eine kleine Fettschicht am Unterbauch, groß genug, um mich die Tatsache verdrängen zu lassen, dass ich eigentlich doppelt so viel essen sollte.

Jeden Tag zwischen 12 und 14 Uhr Weltzeit, also der Zeit in London oder auch La Gomera, muss mein Satellitentelefon eins eingeschaltet sein. Es ist für die Kommunikation mit dem Sicherheitsteam von Atlantic Campaigns reserviert. In dieser Zeit werden alle Ruderboote abwechselnd oder nach Bedarf kontaktiert, um nach dem Befinden der Ruderer, dem Boot und der realen Wettersituation zu fragen, die sich häufig etwas anders präsentiert als in den Wetterberichten. Heute bin ich an der Reihe und erfahre, dass die eher ruhige Wetterlage auf meiner Route sich morgen leicht ändern und der Wind minimal stärker blasen wird. Dies ist lediglich eine Information, aber für mich fühlt sie sich wie ein Geschenk an, denn heute ist die Wasseroberfläche für einen Ozean wieder sehr glatt. Die Windstärke liegt bei vier Knoten, was 7,4 Stundenkilometern entspricht, nicht mehr als ein sanftes Lüftchen. Morgen werde ich also mehr Unterstützung erhalten.

Bei der Frage des Sicherheitsteams nach meinem Befinden spüre ich, wie sich eine Enge in meiner Kehle bildet. Ich höre mich weinerlich an. Kurz darauf rollen mir ein paar Tränen über die Wangen. Es geht mir ja im Vergleich zu vor einer Woche sehr gut, sogar meine Seekrankheit ist nur noch selten spürbar. Warum löst die einfache Frage nach meinem Befinden sofort eine so starke Emotion bei mir aus? Zumal das Sicherheitsteam eben vor allem für die Sicherheit zuständig ist und nicht als Kummerbox fungiert. Trotzdem höre ich ein gewisses Maß an Verständnis in der Stimme am Telefon. Mit viel Mühe fasse ich mich schnell wieder, und wir beenden das kurze Gespräch. Wie kostbar diese nicht mal fünf Minuten sind! Im normalen Leben reicht diese Zeit manchmal nur knapp, um Begrüßungsfloskeln auszutauschen und Antworten auf die Fragen »Wo bist du gerade?« und »Was machst du?« zu geben.

Die Stille umschlingt mich. Keine Musik, nur das leise Plätschern kleiner Wellen und das Klacken meiner Ruder begleiten mich die nächsten Stunden. Meine Gedanken schweifen trotz der Monotonie nicht weit weg und suchen sich stattdessen Aktualitäten, auf die ich meine Aufmerksamkeit richten kann.

»Wie geht es dir?«

Die Frage des Sicherheitsteams hallt nach. Ja, wie geht es mir denn? Eigentlich gut, würde ich sagen. Das Schöne hier draußen in der Einsamkeit ist, dass ich keinen Zeitdruck habe. Mich mit Dingen auseinanderzusetzen, kann und darf unzählige Stunden am Stück in Anspruch nehmen. Dass dies ein zweischneidiges Schwert ist, ist mir bewusst. Meine Gedanken können mich sowohl auf die euphorische Seite, aber eben auch auf die traurige, leicht depressive Seite lotsen. Ich nutze die unbegrenzte Zeit, um mich erst oberflächlich an die Frage, wie es mir geht, heranzutasten. So kann ich vielleicht meine Gedanken kontrollieren und auf der angenehmen Seite der Nabelschau bleiben. Ich habe und halte gern Ordnung, staple Zeitschriften zu Hause perfekt aufeinander, notiere Dinge gern auf Linien, und meine Telefonkritzeleien sind alle geometrisch perfekt ausgeglichen.

Ich starte also mit einer Liste. Was mag ich hier draußen auf See und im Boot? Was nicht? Welche Aspekte waren absehbar und trafen auch ein, welche sind bis jetzt die Überraschungen?

Sofort kommt mir eine Reihe von Dingen in den Sinn, die ich nicht mag. Die Feuchtigkeit und die salzhaltige Luft, die meine Hände und Beine zum Jucken bringen und einen klebrigen Film auf dem Körper hinterlassen, sind eklig. Ich rieche schon wie die See. Es ist ein komischer Geruch. Eine Mischung aus Leder und modriger Erde, aber nicht verfault. Irgendwie erdig, auch wenn mich nur Wasser umgibt. Ich mag den Geruch nicht besonders, aber vielleicht gewöhne ich mich noch daran. Immerhin rieche ich sonst nicht schlecht. Es ist komisch, denn ich benutze kein Deo und habe seit drei Tagen meine Socken nicht gewechselt. Kann es sein, dass mein Geruchssinn beeinträchtigt ist? Ich lege eine Pinkelpause ein und stelle fest, dass meine Nase einwandfrei funktioniert. Mein Urin riecht etwas streng, und ich ermahne mich, mehr Wasser zu trinken, worin ich oft nachlässig bin.

Dass mein Klo in Form eines robusten Eimers immer so nah ist, finde ich nicht nur praktisch, sondern gehört auf die Liste der Dinge, die ich mag. Die sich immer schnell einstellende Unordnung in meiner Kabine ist hingegen ein weiterer Punkt, der mir nicht passt. Aber es ist letztendlich meine Entscheidung, Hervorgezogenes auch wieder an seinem Platz zu verstauen oder eben nicht. Die Seesäcke auf den Seiten meiner Einlegematratze stören mich vor allem, wenn ich sie aus Versehen mit meinem Bein berühre. Die kalte, leicht klebrige Oberfläche ist alles andere als angenehm. Und vom Geräusch meines Weckers am Morgen muss ich gar nicht sprechen.

Ich komme mit meiner Aufmerksamkeit und den Gedanken wieder raus aus der Kabine und richte meinen Blick wie schon so oft auf meine Beine, die sich bei jedem Ruderschlag beugen. Sie haben bereits die Winterblässe abgelegt und sind schon ziemlich gebräunt. Es sieht zwar außer mir niemand, doch ich betrachte meine Beine fast liebevoll. Das Alleinsein hat auch seine guten Seiten. Ich freue mich beinahe, dass es mir total egal ist, wie ich aussehe. Ich merke, dass diese Aussage jetzt zum ersten Mal auch mein Gefühl treffend beschreibt und ich mir dies früher wohl ein bisschen als Wunschdenken schöngeredet habe.

Ich liebe es, mich allein an Deck so bewegen zu können, wie ich will. Heute ist, solang die Sonne ausreichend wärmt, ein nackiger Tag. Es fühlt sich so frei und wohl an, die Stunden ohne Kleider und im Schutz der Einsamkeit zu verbringen. Es ist eine gänzlich neue Erfahrung, mich so wahrzunehmen. Wie sich das wohl anfühlen wird, wenn ich wieder an Land bin? Werde ich mich ebenso frei fühlen, auch mit Kleidern?

Ich lege meine im Kopf angelegte Liste für eine Weile weg und reflektiere über das mögliche Bild, das ich auf dem Weg zur Startlinie für meine Umwelt abgegeben habe. Stimmt es mit dem überein, was ich wirklich bin?

»Du solltest Dir darüber im Klaren sein, warum Du diese Atlantiküberquerung machst.«

Ich hatte diesen Satz während des Ozeanruderkurses im Februar 2019 in mein dickes Notizbuch geschrieben und hörte jedes

Mal, wenn ich ihn las, die Stimme von Ian Couch, der den Kurs geleitet hatte. Sein Tonfall schien noch viel mehr Informationen als seine ausgesprochenen Worte zu beinhalten. Ich saß in Teignmouth mit einer Handvoll anderer zukünftiger Ozeanruderer im Kurslokal und fragte mich, ob sie genauso mit dieser Aufgabe zu kämpfen hatten wie ich. Ich wusste von Anfang an, dass ein wichtiger Teil der Teilnahme an diesem Event der karitative Aspekt war. Jedes Team oder Boot sammelte Geld für die Unterstützung einer selbst gewählten Organisation. Von Anfang an wusste ich, wem ich den finanziellen Überschuss meiner Kampagne zukommen lassen wollte.

Ocean Care war dreißig Jahre zuvor in dem Ort gegründet worden, in dem ich wohnte. Die Schweizer Non-Profit-Organisation setzt sich für den Schutz der Ozeane und ihrer Bewohner ein. Zunächst einmal musste ich sie um Erlaubnis bitten, ihr Logo für meine Kampagne nutzen zu dürfen. Ich konnte mir vorstellen, dass Gruppen oder Projekte aller Couleur gern und schnell unerlaubt aus dem Gebrauch eines so großen Namens Profit schlagen wollten. Persönlich würde ich monetär nichts an diesem Unterfangen gewinnen, das war mir bewusst und auch nicht meine Absicht. Erfreulicherweise erhielt ich eine positive Rückmeldung und durfte das Logo von Ocean Care verwenden, doch mir war klar, dass ich selbst mit dem Namen einer solchen Organisation in meiner Präsentation nicht umhinkam, auch noch eine persönliche Message anzufügen.

Ähnlich der Art und Weise, wie ich mich ursprünglich für die Soloüberquerung entschieden hatte, kam diese Message aus dem Bauch heraus, gefühlt und felsenfest in mir verankert. Ich wollte ein Beispiel geben, dass man beinahe alles bewältigen kann, wenn man auf ein paar grundlegende Werte achtet und sie nutzt. Diese Eigenschaften sah ich wie vier Beine eines Tisches, die mit ihrer Stärke eine solide Arbeitsfläche stützen. Daran würde man sich zusammensetzen und alles erarbeiten und aufbauen können:

Ehrlichkeit, Aufrichtigkeit, Respekt und Authentizität.

Ehrlich bin ich mit mir selbst, gegen innen, die Aufrichtigkeit richtet sich nach außen. Respektvoll gehe ich sowohl mit mir selbst wie auch mit anderen um. Respekt ist für mich eine Verbindung von Innen und Außen. Und authentisch und echt sein braucht es ebenso im Team. Es stimmt, man sagt, ein dreibeiniger Tisch wackelt nicht, ein vierbeiniger schon, und darum sei der dreibeinige stabiler. Ich sehe das in diesem übertragenen Sinn so, dass ein Wackeln des vierbeinigen Wertetisches darauf hinweist, dass eine Komponente etwas zu kurz kommt, schwächelt oder nicht ideal gefördert wird. Wenn ein Mensch sich an diesen vier Eigenschaften im Leben orientiert und sie für sich selbst anwendet, geht er automatisch auch mit seiner Umgebung entsprechend sorgsam um. Dies beschreibt natürlich den Idealfall.

Für mich war der Bogen hin zum Schutz des Wassers dann relativ einfach gespannt. Auch das Wasser ist eine Komponente im Außen, der wir respektvoll gegenübertreten sollten. Das Wasser ist omnipräsent in Bächen, Flüssen, Seen und dem Meer, und wir selbst bestehen auch zu etwa siebzig Prozent aus Wasser.

Ich teilte meine Idee mit den verschiedensten Leuten, und mir fiel auf, dass sich einige leicht angegriffen fühlten und fragten, ob ich denn denke, dass sie nicht respektvoll seien. Nein, ich wollte sicher niemanden be- oder verurteilen, sondern lediglich eine positive Grundhaltung stärken. Weil aber Bekannte und Freunde meine Worte manchmal falsch verstanden, entschied ich mich für die breite Masse für eine etwas weniger offensichtliche

Herangehensweise. Ich ließ das Konzept der Tischbeine und die Werte, die sie verkörperten, beiseite und konzentrierte mich stattdessen hauptsächlich auf den Schutz der Ozeane. Für mich selbst blieb es aber wichtig, regelmäßig in den Spiegel zu schauen, mir das Tischbeinmodell vor Augen zu führen, ehrlich und respektvoll mit mir selbst umzugehen und den Mut aufzubringen, so authentisch wie möglich zu sein.

Rund drei Monate feilte ich am ersten Text für meine Website und suchte nach einem geeigneten Logo. Ich entschied mich für eine gespiegelte Version meines Praxislogos, ein beinahe geschlossener kreisförmiger Pinselstrich in der wunderschönen Farbe Petrol. Mein Beruf ist meine Passion. Die Atlantiküberquerung ist ein anderer Aspekt von mir. Passt also. Um ein Gefühl von Gemeinschaft entstehen zu lassen, plante ich, die Menschen, die mein Projekt unterstützen wollten, auf gewisse Art und Weise teilhaben zu lassen und sie auf meine Reise »mitzunehmen«.

Mit dem Slogan »Lasst uns zusammen den Atlantik überqueren. Ich übernehme das Rudern.« lud ich die Menschen ein, im Gegenzug für eine Spende ihren Namen auf der Außenseite meines Bootes anzubringen und auf diese Art mitzureisen. Der Teamname, mit dem ich mich anmelden würde, sollte die Stärke der Gemeinschaft verkörpern, und natürlich wollte ich auch die Tatsache darin unterbringen, dass ich Schweizerin und mit dem Ozean geografisch nur über Flusswege verbunden bin. Im Gespräch mit Freunden entstand der Name »the swiss1s«. Ich war »the Swiss one«, die Schweizerin. Das angehängte S repräsentierte die Vielzahl von Einsen, die mit mir den Atlantik überqueren würden. Mir gefiel der Name, er passte ausgezeichnet zu meiner ursprünglichen Idee mit der Eigenverantwortung und den Werten der Tischbeine. Die Tatsache, dass ich die korrekte

Schreibweise und Bedeutung meines Teamnamens oft erklären musste, hätte mich in diesen drei Monaten bis zur definitiven Anmeldung animieren sollen, die Wahl des Teamnamens nochmals zu überdenken und zu ändern. Das tat ich aber nicht.

In den restlichen Wintermonaten nahmen meine Präsentation und mein Webauftritt dank der Hilfe von verschiedenen Seiten Gestalt an. Als im März 2019 bei einem von meiner Schwester und meinem Vater einberufenen und geleiteten Treffen von Werbern und einer Vertretung von Ocean Care wiederum die Frage im Raum stand, ob ich nicht meinen Teamnamen ändern könne, sank mir mein Herz ziemlich tief in die Hose. Ich fühlte mich unverstanden, war frustriert und wollte nur noch heulen. Ich hatte so viel Energie und Gedanken in diese Arbeit gesteckt. Bereits jetzt waren der Zeitdruck und die immense Last der gesamten Vorbereitung so groß, dass ich nicht genau wusste, wie es weitergehen sollte. So war ich dankbar für die spontane Bereitschaft des Chefredakteurs einer Wochenzeitschrift, einen Bericht über mein Projekt und mich zu veröffentlichen. Er war als Teenager der Babysitter von meiner Schwester und mir und hatte uns immer mit seinem »Zauberwasser« in seinen Bann gezogen. Dabei handelte es sich um Leitungswasser mit etwas Zucker, was wir aber nicht wussten, denn er verzauberte das Wasser nur, wenn wir nicht hinguckten. Vielleicht konnte er mithilfe des Artikels abermals etwas Magie in mein Leben und in meine Vorbereitung bringen.

Zum Glück schaffte ich es, mich immer wieder mit der physischen Vorbereitung vom mentalen Stress abzulenken, doch so richtig konnte ich mich auch dabei den zentralen Fragen nicht entziehen. Schon früh war es mir persönlich wohl damit, die Frage nach dem »Warum« unbeantwortet zu lassen, denn die Antwort war ja »mein Bauchgefühl«, und das bedurfte keiner weiteren

Erklärung. Für mein Umfeld und meine Unterstützer hingegen war es wohl wichtig, einen handfesten Grund für dieses Abenteuer zu haben, denn nicht allen war wohl mit dem Ausdruck »Bauchgefühl«. Ich wusste, dass ich – wie bei der Tischbeinanalogie – einen anderen Zugang finden und doch ein ehrliches und authentisches Bild zeigen musste.

Mein Instagram-Account wies damals gut 640 Einträge auf, und nur auf einer Handvoll Bilder sah man mich als ganze Person, meist von hinten, und selten war es mir völlig wohl dabei. Lieber teilte ich Bilder von meinen Streifzügen durch die Natur oder kleinen Dingen, die mich erfreuten, wie die perfekte Spiegelung meines Kronleuchters in der Teetasse oder die erste Minikarotte, die auf meinem Balkon gewachsen und nur etwa drei Zentimeter groß war. Ich wollte nicht im Zentrum meiner Bilder stehen. Beim Gedanken daran, mich nun vollends zu zeigen und mein Abenteuer auf Social Media zu begleiten, wurde ich nervös. Aber wie konnte ich von Ehrlichkeit und Authentizität sprechen, wenn ich danach in meiner Kampagne eine weichgespülte oder per Photoshop bearbeitete Version von mir selbst präsentierte?

Wie viel Mut es brauchte, mit dieser medialen Exponiertheit umzugehen, wurde mir immer wieder aufs Neue aufgezeigt. Es war ein intensiver und anstrengender Lernprozess, den ich manchmal besser, manchmal schlechter meisterte. Jeden Schritt der Vorbereitung, jede Neuigkeit teilte ich mit der digitalen Welt, damit hoffentlich viele Menschen Wind von meinem Unterfangen bekamen und den Spendentopf füllten. Und natürlich hoffte ich, so ein Portfolio anlegen zu können, das auch für potenzielle Sponsoren attraktiv sein würde. Denn auch wenn ich allein ruderte, so war dieses Unterfangen ohne finanzielle Unterstützung nicht realisierbar.

Ich kann keinen Master in Marketing in meinem Lebens-
lauf vorweisen, also versuchte ich umzusetzen, was mir von
verschiedenen Seiten empfohlen wurde. Oft wünschte ich mir
Tage mit mindestens 36 Stunden, denn Arbeit, Training und
administrative Aufgaben in diesem Neuland von Kampagnen-
organisation verkürzten meine Nächte auf vier bis fünf Stunden.
Allem Eifer zum Trotz fruchteten meine Bemühungen nicht wie
gewünscht. Ich war bereits von ehemaligen Atlantikruderern dar-
auf hingewiesen worden, dass die Sponsorensuche zermürbend
sein kann, und erhielt diesbezüglich auf verschiedene Arten
Anschauungsunterricht. Dass ich dann doch mit einer wunder-
baren Gruppe von Sponsoren am Start stand, war oft das Re-
sultat glücklicher Zufälle. Die involvierten Personen gaben mir
während der Vorbereitung auch weit mehr als nur Geld. Häufig
kam jedoch keine Antwort auf meine schriftliche Anfrage, oftmals
auch nicht nach erneuter telefonischer Nachfrage. Manchmal
fand ich heraus, wer der Marketing- oder Sponsorenabteilung
einer Firma vorstand, kontaktierte die Person über das Netzwerk
LinkedIn und fügte meiner Kontaktanfrage eine ultrakurze Be-
schreibung meines Projektes hinzu. Eine Uhrenmarke antwortete
mir auf diese Weise ziemlich schnell und konnte mir auch klar und
verständlich erklären, warum mein Projekt nicht in ihr aktuelles
Marketingkonzept passte. Ich bedankte mich sogar für diese Ab-
sage, denn Klarheit ist auch eine Form von Respekt, auch wenn
ich gern eine andere Antwort erhalten hätte. Meist aber erhielt
ich kein Feedback.

Ein paarmal lancierte ich einen spontanen Versuch im direk-
ten Kontakt. Die abschätzigen Blicke meines Gegenübers vom
Kopf bis zu meinen Füßen und wieder rauf zum Kopf sprachen
Bände. Die Bemerkung, dass ich doch sicher einen Motor, ein

Segel und ein Begleitboot neben mir haben werde, gaben mir jedes Mal einen Stich. Sie hatten mir gar nicht richtig zugehört, sondern mich anhand meines Körperbaus bereits in eine Schublade gesteckt. Allein über den Atlantik rudern und nicht wie ein Schrank gebaut? Geht doch nicht!

Sich so zeigen, wie man ist, empfand ich als sehr herausfordernd. Äußerlich ging das oft klar, denn mit einem Griff ins Schminktöpfchen oder einmal mit den Fingern durch meine Naturlocken gefahren, sah schnell alles wieder recht ordentlich aus. Was das geübte Auge aber auch wahrnahm, war der Blick, mit dem ich in die Kamera schaute. In der Vergangenheit konnte ich ihn oft verstellen. Dies jetzt bewusst nicht mehr zu tun, kam nahezu einer Entblößung gleich. Es forderte mich täglich aufs Neue heraus, gefühlt nackt vor der Welt zu stehen. Oft bemerkte meine Familie, dass ich in der Vorbereitung bereits auf dem Weg über den Atlantik war. Physisch war dies zwar nicht so, aber den Lernprozess betreffend hatten sie recht. Es fühlte sich immer wieder anstrengend und einsam an.

Ich schmunzle. In der Vorbereitung hatte ich mich oft nackt gefühlt, obwohl ich angezogen war, und jetzt ist es mir wohler ohne Kleider. Ich schicke weiterhin Fotos und Informationen über mein BGAN, das Satellitenmodem, an Land. Natürlich ziehe ich mich für diese Aufnahmen an. Sich mit Kleidern nackt zu fühlen, ist das eine, die Hüllen für alle fallen zu lassen, eine ganz andere Kategorie. Und es gibt auch viel Spielraum dazwischen. Ich entscheide mich, eine meiner Tanzeinlagen, welche ich nun schon seit ein paar Tagen nach meiner letzten Ruderschicht am Nachmittag im vorderen Bereich des Bootes absolviere, aufzunehmen. Es stellt sich als mühsam heraus, das Telefon ideal zu platzieren und den Lautsprecher in der Nähe zu fixieren, besonders weil das Boot zwar aktuell nicht so intensiv, aber doch stetig mit den Wellen tanzt. Trotzdem gelingt mir die richtige Einstellung, um im Zentrum des Bildes zu sein. Einer der Neunziger-Hitparadenhymnen von Snap!, *The Power*, ertönt aus meinem Lautsprecher, und ich beginne, meine Muskeln etwas anders zu nutzen als beim Rudern. Es fühlt sich großartig an, befreiend. Und da die Kamera am anderen Ende des Bootes befestigt ist, vergesse ich für einen Moment ihre Präsenz. Jetzt tanze ich mit den Wellen, immer geschmeidig und elastisch in meinen Beinen, um der Führung der Natur zu folgen. Für einen Moment fühle ich diese Power, zu der ich tanze. Es ist, als würde ich noch nicht begreifen, aber spüren, dass ich im Begriff bin, etwas ganz Wichtiges, Kraftvolles für mein Leben zu tun. Das Lied endet, und ich drücke abermals auf die Taste, um noch einmal zu tanzen.

Die Sonne ist bereits untergegangen, und ich setze mich noch mal an die Ruder, um mit den Steuerleinen den Kurs zu setzen. Ich habe entschieden, dem Autopiloten Rudy heute einen freien Abend zu gestatten und mein nächtliches Driften eventuell auf 255 Grad zu halten. Es braucht ein bisschen Geduld, aber ich schaffe es, dass sich Miss Universe auf Kurs hält. Zufrieden fixiere ich meine Ruder an Bord und klettere in die Kabine. Meiner abendlichen Routine mit Koordinaten auf der Karte einzeichnen, WhatsApp verschicken, Abendtoilette und ein gewisses Maß an Gemütlichkeit in der Kabine genießen folgt eine hoffentlich ruhige Nacht. Rudy hat ja heute Ausgang. Mit einem Lächeln schlafe ich ein.

21° 37.65 N, 025° 48.13 W – Silvester

Wird der Weckruf meines Weckers jemals mein Freund werden? Ein Ton, welcher mir mit der Hand über den Kopf streicht und mich sanft aus den Träumen zurückholt? Meine aktuell stark gerunzelte Stirn inklusive Zornesfalten zwischen den Brauen deuten auf ein klares Nein hin.

Meine Morgentoilette beginnt immer mit einem leicht gehetzten Ablauf der folgenden Handgriffe: Klettergurt über den Kopf und an der Taille festziehen, Ziplock-Beutel mit den WC-Papierrationen zwischen die Zähne klemmen, Beine anziehen, Druck auf der Blase aushalten, Kabinentür öffnen, Karabiner der Sicherheitsleine an Deck befestigen, aktuelle Situation an Deck checken, so geschmeidig und schnell wie möglich aus der Kabine schlüpfen und mich auf den WC-Eimer setzen, welcher gleich links neben der Kabinentür befestigt ist. Das kalte Navigationslicht lässt das morgendliche oder eher noch nächtliche Ritual zu einem kurzen Intermezzo verkommen, und etwas fröstelnd klettere ich nach dem Reinigen des Eimers wieder in die Kabine. Ich setze mich so hin, dass mein Rücken gegen die runde Luke, die die Verkabelungen der Technik vor Wasser schützt, lehnt. Mit meinen Fußsohlen, die ich gegen die Aussparung der ins Deck eingelassenen Rettungsinsel drücke, fixiere ich meinen Körper bestmöglich. Jetzt leere ich Wasser einer meiner Trinkflaschen in den Jetboil, klemme mir die darunter befestigte Gasflasche zwischen meine Beine und entzünde das Gas, um 45 Sekunden später das heiße Wasser in die Tüte mit dem Frühstück zu füllen. Heute ist es, wie meistens,

Porridge mit Extras. Natürlich ist mir bewusst, dass eine spontane Welle meine Kabine in eine beachtliche Seitenlage und auch das heiße Wasser zum Überschwappen bringen könnte. Die Gasflamme ist geschützt, aber zur Sicherheit bedecke ich meine nackten Beine mit einem meiner schnelltrocknenden Tücher. Alles klappt auch heute wunderbar, und ich verstaue den Jetboil wieder in der Essenstasche in der »Küchenecke«.

Als Nächstes wandert meine Hand gleich neben die Küchenecke und holt das BGAN raus. Ich hoffe, seine Batterie hat sich nun aufgeladen, denn gestern war das Akkulicht rot erleuchtet. Es ist immer noch rot. Hmm, habe ich den Zwölf-Volt-Stecker nicht richtig in die Buchse getan? Ein Kontrollgriff links hinter mir bestätigt, dass alles ordentlich angebracht ist. Ich kann mir nicht erklären, warum der Akku nicht geladen ist. Wahrscheinlich hat es mit dem Gerät selbst zu tun. Um doch meine Whats-App-Nachrichten laden zu können, lasse ich das Kabel eingesteckt, da es lang genug ist, um das BGAN gleich außerhalb der Kabine starten zu können. Die Strahlung ist weder für mich noch für meine Technik günstig und könnte Interferenzen zur Folge haben. Und im blödesten Fall würde das zu fehlerhaften Angaben führen, auf die ich mich eigentlich verlassen möchte. Glücklicherweise befindet sich heute Morgen ein Satellit genau links vorn, wenn ich aus der Kabine blicke, und die Verbindung zur digitalen Außenwelt ist schnell hergestellt. Wobei »schnell« auch ein paar separate Schritte beinhaltet, die mich etwas an die analoge Zeit erinnern.

Roberto, mein Medien- und Social-Media-Held und Ansprechperson für meine Eltern und Sponsoren, hat geschrieben. Er hat das Tanzvideo auf Instagram hochgeladen, und offenbar ist es nicht schlecht angekommen. Obwohl eigentlich irrelevant, ist mir das Feedback nicht komplett egal. Ein Hauch von Unsicherheit überkommt mich und nervt mich ein wenig. Habe ich nicht schon das ganze Jahr an mir und meiner Exponiertheit gearbeitet? Ich lasse die leicht rhetorische Frage unbeantwortet und widme mich dem anderen Teil von Robertos Nachricht. Mit einer Wochenzeitung habe ich vereinbart, dass ich ihnen exklusiv gegen eine Spende ein kleines Tagebuch zukommen lasse. Bis jetzt war meine Überfahrt mit viel brauchbarem Stoff angereichert, und dank Roberto muss ich auch nicht immer schreiben, sondern kann mein Tagebuch als Sprachnachricht übermitteln, die er dann transkribiert. Heute lässt er mich wissen, dass die Zeitung den Eintrag schon vorher braucht, da Neujahr etwas anders gehandhabt wird. Natürlich bringe ich Verständnis dafür auf, doch bin ich froh, muss ich nicht etwas erfinden, was noch nicht passiert ist, denn sie interessieren sich vor allem für meinen Tagesablauf. Ich entscheide mich, den Beitrag für die Wochenzeitung auf heute Abend zu verschieben, und packe das BGAN wieder in seine Schutzhülle. Komisch, nicht nur diese Batterie hat Mühe mit dem Laden. Auch eines meiner Satellitentelefone lässt sich nicht laden, obwohl ich es luftdicht in einer Hülle lagere. Solang immerhin noch eines gut läuft, mache ich mir keine Sorgen. Mein kleiner Seesack, meine »Atlantik-Handtasche«, ist schnell mit meinen Siebensachen gefüllt, und ich begebe mich wieder raus in die Weite der Einsamkeit des Atlantiks.

Es ist ein schöner, sonniger Tag mit etwas Wind und ziemlich zahmen Wellen. Das Mittagessen um halb elf findet seinen Weg erstaunlich gut in meinen Magen, und ich beginne die Nachmittagsschicht mit viel positivem Elan. Plötzlich fällt mir auf, dass mein Rollsitz nicht mehr solide in seinen Schienen rollt.

Es fühlt sich an, als ob ich seitlich wegeiere. Ein zusätzliches Klacken lässt mich das Ganze genauer inspizieren. Ich bin darauf vorbereitet, wusste aber in der Vorbereitung nicht, wann und wie oft ich mich damit auseinandersetzen würde. Nun ist es zum ersten Mal so weit. Ein Radwechsel steht an. Was in der Formel 1 in Rekordzeit geschieht, kostet mich gute zwanzig Minuten. Und dabei habe ich nur winzige Räder im Vergleich zu den großen Boliden. Natürlich hatte ich in meiner Vorbereitung meinen gesamten Rollsitz auseinandergenommen und wieder zusammengebaut und kenne die Handgriffe. Jetzt bin ich aber doch etwas erstaunt, wie leicht es mir hier draußen auf dem schaukelnden Boot fällt und welche Sicherheit ich auf Miss Universe verspüre, während ich die Schrauben, Muttern und Räder austausche. Auch das abschließende Befestigen des Sitzes in der Rollschiene klappt wie am Schnürchen. Einen so guten Tag hatte ich ja bisher noch nicht auf See. Würde es im gleichen Stil so weitergehen?

Als habe das Universum meine Verunsicherung wahrgenommen und wolle eine Gegenbewegung induzieren, nehmen meine Gedanken wieder einmal eine Abzweigung in Richtung Negativspirale. Wobei die Abzweigung per se nicht schon mit einem riesigen Schild auf die Enddestination hinweist, sondern eher unschuldig daherkommt. Ich erinnere mich an den Inhalt des Briefes meiner Mutter, in welchem sie eine Erinnerung an meine frühe Kindheit beschreibt.

»Wie gern erinnere ich mich an deine fast endlos scheinenden ›Ausritte‹ auf deinem Rössli, in deinem Mund das Teefläschchen. Du gingst hin und her und hin und her und hin und her. Dabei hingen deine Arme nach unten, dein Köpfchen legtest du dem Rössli an dessen Wange, und so begabt ihr euch beide auf Reisen. Ob ihr wohl damals bereits ein Stück Atlantik überquert habt?«

Der Gedanke an diese Worte lässt mich innerlich augenblicklich zu einem Foto weiterwandern, das in einem meiner Fotoalben klebt. Ich mit meinem Holzschaukelpferdchen, einem meiner liebsten Freunde aus Kindertagen, von meinem Großvater selbst gezimmert. Ich blicke von unten her in die Kamera, dieses Mal nicht das Teefläschchen, sondern den Schnuller im Mund. Mein Blick scheint beinahe etwas wehmütig. Ohne klare Beweise liefern zu können, weiß ich, dass die Worte meiner Mutter vom Gefühl her wie eine perfekte Zahnradkomposition zu diesem Bild meiner Kindheit und meiner jetzigen Situation auf See passen. Ja, wenn ich mich leicht an die Quantenphysik anlehne und die Theorien über Raum und Zeit locker interpretiere, so fühle ich mich gerade wie dieses kleine Mädchen auf seinem Pferdchen. Nur ist mein Pferdchen aktuell ein Boot und statt aus Holz aus Aluminium. Ich lasse meine Ruder los und lege fast liebevoll meine Handflächen neben mir auf Deck, ähnlich wie damals meine Wange auf die des Pferdchens. Wehmut steigt in mir auf. Wie gern wäre ich wieder dieses kleine Mädchen! Das Leben war noch einfach, die vielen schwierigen Momente noch nicht erlebt. In Gedanken schließe ich die kleine Gabi in die Arme, um sie vor dem Leid, das ihr in der Zukunft widerfahren wird, zu schützen. In einem Anflug von Trauer und Wut, weil ich ebendiesen Schutz nicht hatte, schreie ich »Warum?« in die Weite des Atlantiks hinaus.

»Warum ist es immer so hart für mich im Leben?«

Meine Atmung stockt kurz. Ja, diese Atlantiküberquerung ist wirklich wie mein Leben. Anstrengend. Hart. Ich schaffe es nicht, mich auf die positive Seite zu schwingen und die guten Aspekte zu sehen. Ich sehe mich wie einen Hamster im Hamsterrad, der ununterbrochen rennt, und doch keinen Schritt weiterkommt. Erinnerungen kreieren ein Wirrwarr in meinem Kopf, und die Anspannung baut sich in meinem Körper immer mehr auf. Ich muss irgendetwas dagegen tun, so kann ich nicht rudern.

Plötzlich scheint der maximale Druckaufbau erreicht, und einer Explosion gleich ertönt ein lauter Schrei aus meiner Kehle. Er dauert an, ich hole mehrere Male Luft, um ihn weiterzuziehen. Tränen treten aus meinen Augen und helfen beim inneren Druckabbau. Ich weiß nicht, wie lange ich schreie, an nichts denke und einfach alles rauslasse. So unerwartet sich dieser Schrei aus meiner Kehle gelöst hat, so unerwartet beendet meine Kehle ihn auch wieder. Es kommt kein Ton mehr aus mir heraus, meine Stimme ist weg.

»Super«, denke ich. »Deine Stimme war doch auf dem Weg der Besserung, und jetzt kannst du wieder Wochen warten, bis du wieder singen kannst«, tadle ich mich. Ändern kann ich aber nichts, und so rudere ich eben in Stille, bis es wieder Zeit für Routine ist.

Am nächsten Morgen schmerzt mein Nacken, ich kann ihn kaum bewegen. Ich beiße die Zähne zusammen und drücke die Schlummertaste des Weckers. Neunzig Minuten später bemerke ich, dass es mal wieder nicht die Schlummertaste war, sondern dass ich den Wecker ganz ausgeschaltet habe. Rudy ist auch schon seit Stunden im Stand-by-Modus. Vielleicht hat uns beiden ein bisschen mehr Ruhe gutgetan. Trotzdem entfährt mir ein genervter Seufzer, denn somit habe ich heute sicher eine Stunde weniger zum Rudern.

Tetris-Challenge. Das gesamte Inventar von Miss Universe kurz vor dem Transport von Holland nach La Gomera, Oktober 2019.

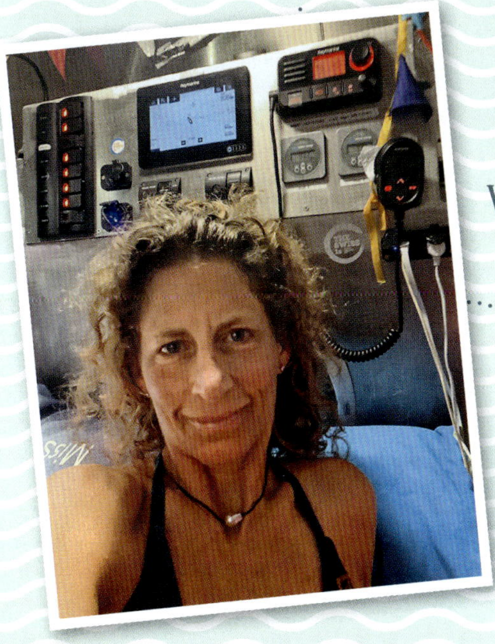

Einer von
gefühlt hundert
Regenbogen.

14.2.2020 | Besuchstag der Zwergwalfamilie
und der Support-Yacht Skye.

Mahi Mahi (Goldmakrele),
Begleitung zwei Tage vor Ankunft bei windstillen Verhältnissen.

Alltagsbeschäftigung auf dem Atlantik.

9.1.2020 | Geisterwelle.
Zwischen den beiden Bildern
liegt ein Moment jenseits
von Raum und Zeit.

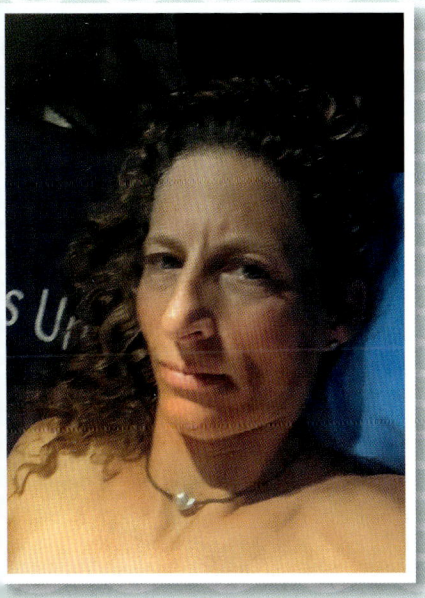

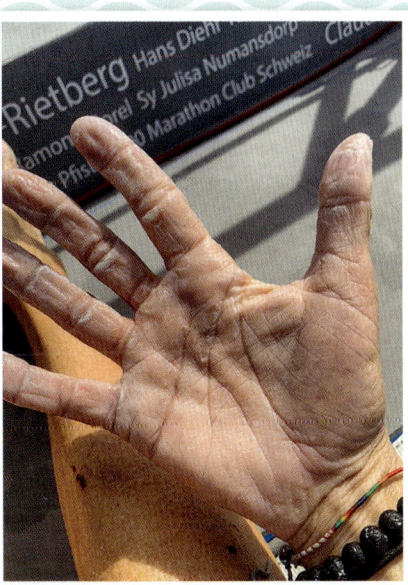

BGAN. Meine Verbindung über
Satellit zum Festland.

Dreißig Stunden (see)krank
am Treibanker.

Sturmschwalbe Reginald (Foto oben),
Tränen und der Versuch, die Autopiloten zu flicken (Fotos unten).

Miri Diellza Susi Rinaral Sibylle & Andreas Kessler Familie Stäubli Maria Hofer Erich Good LIC.IUR David Horák Lisa Rigassi Simone Steiner Quica Welti Dimitri Yannick & Fabianc Lucia The
Willi Trost Herbert Früh Markus & Nathalie Ruth Früh Larissa Bickermann Dani, Regula, Patrik, Sandra Sabine Ekberg Rosmarié Bryner Dagmar Muth Ackermann Treuhand &
ist Joachim & Lore Albrecht Adrian Steffen Christian Ettel Karina Welge Marita & Andreas Spiegelberg Enrico & Catherine Viviane & Kurt Ratter Marianne Egli Rolf & Inti Bänninger Ca

Putztag: Die Bootsunterseite muss regelmäßig von Muscheln,
welche das Boot verlangsamen, befreit werden.

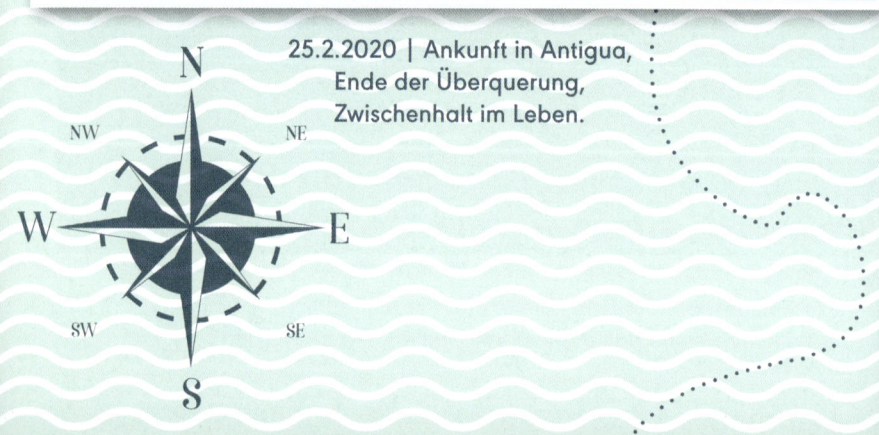

25.2.2020 | Ankunft in Antigua,
Ende der Überquerung,
Zwischenhalt im Leben.

»Stopp!«, halte ich meine Lustlosigkeit und meinen morgendlichen Pessimismus auf.

»Vergiss nicht, heute ist ein neuer Tag!«

Ich verweise meinen Nacken mithilfe einer Schmerztablette kurz auf die Ersatzbank, wo er immer noch etwas angespannt weiterschmollt, und merke, dass mein ganzer Körper klebrig ist. Dieses Salz ist einfach überall, nicht nur im Wasser, sondern auch in der Luft, und deshalb auch in der Kabine, meiner Decke und den Kissen. Diese leichte Feuchte ist eklig. Mein Gesicht zu einer angewiderten Grimasse verzogen, bereite ich wie im Automatikmodus mein Frühstück vor, klettere aus der Kabine und setze mich kurz vor Sonnenaufgang an die Ruder.

Es ist der letzte Tag des Jahres. An Land heißt das meist, dass ich gedanklich das Jahr Revue passieren lasse und mich auf den Jahreswechsel vorbereite. Dieses Jahr ist es nicht viel anders. Nur dass ich diesmal nicht traurig darüber bin, keine Einladung erhalten zu haben. In den letzten 15 Jahren habe ich nur dreimal nicht allein ins neue Jahr hineingefeiert. Meistens habe ich wohl etwas zu scheu angefragt, was meine Freunde oder Bekannten an Neujahr machen. Dass darin die indirekte Frage, ob ich mitfeiern dürfte, verpackt war, muss jeweils nicht klar genug gewesen sein. Heute bin ich froh, dieser Thematik nicht ausgesetzt zu sein. Es ist ja eigentlich ein Abend wie jeder andere, und die größte Veränderung ist, dass man sich im Januar beim Schreiben des Datums regelmäßig vertut. Meist genieße ich an diesem Abend einen feinen, selbst zubereiteten Mehrgänger mit entsprechendem Wein. Heute wird es entweder Pulled Pork mit Tomatenreis oder Gemüseeintopf zum Abendessen geben. Unerwartet haben sich diese beiden Gerichte als meine Favoriten entpuppt. Meine Freundin

Nadine hat mir sogar eine kleine Dose Prosecco in mein Überraschungspaket gepackt, und vielleicht mag ich später mit mir
selbst aufs neue Jahr anstoßen.

In den letzten paar Jahren habe ich meine persönliche Version
der Raunächte zum Jahresübergang entwickelt, die jeweils
über zwölf Tage, nach Weihnachten beginnend, stattfinden.
Jeden Tag widme ich einem Monat des vergangenen Jahres
und schließe so Frieden oder einfach ab mit Dingen, die mich
bewegt haben oder mir widerfahren sind. Mir fällt auf, dass ich
den Start der Raunächte dieses Jahr verpasst habe. Okay, ich
bin ja auch etwas anderweitig beschäftigt als in einem »normalen« Jahr. Aber was ist denn schon normal? Mein Jahr
kann auf jeden Fall nicht als ein solches bezeichnet werden.
Die Gedanken an die Monate Januar bis Mai 2019 rufen viele
anstrengende und unangenehme Momente in Erinnerung, und
ich merke, wie sich mein Bauch zusammenzieht. Zusätzlich
wird mein Herz schwer, wenn ich an die Monate Juni bis Oktober denke. Irgendwie fühle ich alle belastenden Emotionen
beinahe gleichzeitig, und mein Körper scheint diese Last zu
spüren. Die Ruderschläge werden anstrengender. Ich lasse die
Ruder los und halte kurz inne. Habe ich auch Augenblicke des
Glückes erlebt? Bestimmt! Ich weiß, dass ich dieses Jahr auch
schon herzhaft gelacht habe und mit mir und der Welt in per-
fektem Einklang war. Aber wann war das? Angestrengt irre
ich mit den Gedanken durch das gesamte Jahr, aber ich kann
diesen Glücksmoment in meiner Erinnerung nicht finden. Mir
ist, als ob ich im Buch meines Lebens dieses Jahr blättere und
gleichzeitig nicht merke, dass es mein Buch ist. Als ob ich eine
fremde Person wäre. Es ist ein komisches Gefühl, denn auf eine

seltsame Weise bin ich emotional losgelöst von positiv und negativ Erlebtem.

Mir wird etwas schwindlig. Meine Hände ergreifen die Reling links und rechts von mir. Was passiert hier? Habe ich nicht ausreichend getrunken? Ein Blick auf meine Trinkflaschen bestätigt, was ich eh schon wusste. Mein Schwindel kommt nicht von einer sich anbahnenden Dehydrierung, im Gegenteil, heute habe ich sogar mehr getrunken als die vergangenen Tage. Trotz des Schwindels fühle ich mich nicht beunruhigt, es ist einfach eine seltsame, fast surreale Empfindung. Mein Blick schwenkt nach rechts, hinaus auf das große Blau, und wird unscharf, beinahe entrückt.

»Wo höre ich auf, und wo beginnt das Meer?«, schießt es mir durch den Kopf. Ich bestehe aus so viel Wasser und befinde mich auf dem Wasser. Merke ich langsam, dass das Meer kein Außenraum ist, sondern ich Teil davon bin? Für einen kurzen Moment nehme ich meinen physischen Körper nicht wirklich wahr. Es ist ein wunderschönes, wenn auch sonderbares Gefühl, als wäre ich durchsichtig. Ich atme tief ein, und mein Blick wird wieder scharf, ich bin wieder voll im Hier und Jetzt, greife nach den Rudern und genieße in stiller Dankbarkeit das Nachwirken der soeben gemachten Erfahrung. Vielleicht werden wir, das Meer und ich, doch noch so etwas wie Freunde.

Heute Abend werde ich kein Feuerwerk am Himmel knallen hören. Aber obschon ich den Start in diesen letzten Tag des Jahres etwas verschlafen habe, entpuppt er sich selbst als Feuerwerk, um das Jahr mit einem Goldregen zu beenden. Wind, Wellen, Sonne, alle sind mir heute überfreundlich gesinnt, und ich komme super vorwärts. Ganze 44 Seemeilen, gute achtzig Kilometer bin ich näher am Ziel. Eigentlich wäre es schön gewesen, mit verbleibenden 2020 Seemeilen in das Jahr 2020 starten zu können. Dass dies nicht ganz reichen würde, war mir schon gestern bewusst, und auch 2050 ist eine schöne Zahl.

Die untergehende Sonne ist der Moment, in dem ich das endende Jahr verabschiede und dieses Kapitel mit einem Schluck aus der Wasserflasche beende. Ich spüre, dass ich keinen Prosecco möchte, und ziehe mich beim Eindunkeln in die Kabine zurück. Heute ist offiziell mein bester Tag, seit ich auf dem Meer bin, und mit einem zufriedenen Lächeln im Gesicht schmiege ich mich unter der Fleecedecke in meine Kissen. Den mitternächtlichen Jahreswechsel verschlafe ich, und das ist total in Ordnung.

21° 18.55 N, 026° 54.88 W – Begegnung

Mitten in der Nacht macht sich der Druck auf meiner Blase bemerkbar. Ich wache auf und stelle fest, dass sich der Gang oder eher das Rausklettern auf Deck zu meinem WC-Eimer nicht bis in die frühen Morgenstunden verschieben lässt. Mit halb geschlossenen Augen lege ich meinen Klettergurt an und ziehe ihn an meiner Taille fest. Fröstelnd klettere ich aus der Kabine, um meine Blase zu erleichtern. Das Wohlgefühl macht die unangenehme Kühle der Nacht nahezu wett, und ich freue mich, noch einmal für weitere neunzig Minuten unter die Fleecedecke kriechen zu können. Der Eimer ist ausgespült, wieder fest angebunden, und meine Hand ist bereits im Begriff, die Kabinentür zu öffnen, als eine fiese Welle an der Seite des Bootes explodiert und mich mit einer unerwarteten Salzwasserdusche eindeckt.

»Neeeein!«, entfährt es mir, und mit enormem Unwillen drehe ich mich von der Kabinentür ab, um den Frischwasserkanister am anderen Ende des Bootes zu erreichen. Im Schein des kalten Navigationslichts wasche ich mir flüchtig das Salz vom Körper und steige dann zwar nass und zitternd, aber ohne Salz am Körper wieder in die Kabine. Ich ziehe den nassen Klettergurt aus und greife eines der herumliegenden schnelltrocknenden Tücher, um mich abzutrocknen. Schlotternd ziehe ich mir ein langärmliges Shirt über und decke mich zu. Nur langsam versiegt das Schlottern, und ich schlafe wieder ein.

Gefühlte zwanzig Minuten später schlage ich schweißgebadet die Augen auf. Obschon die Bezeichnung »Freund« für meinen Wecker immer noch verfrüht ist, bin ich froh, dass er mich heute aus meinem intensiven Traum gerissen hat. Ich weiß zwar nicht mehr genau, was passiert ist, aber das leicht gestresste Nachhallen bleibt auch nach ein paar wachen Minuten noch bestehen.

Ich reibe die letzten Erinnerungsfetzen aus meinen Augen und widme mich meinem täglichen Pflichtprogramm. Beim Warten auf das Quellen des Porridges schaue ich mich in der Kabine um, und mein Blick bleibt am nassen Klettergurt hängen, den ich in Kürze wieder um die Taille spüren werde. Angewidert erinnere ich mich an meinen nächtlichen Toilettengang. Es ist der erste Tag des neuen Jahres, und der kann nur besser werden.

»Heute ist nicht nur ein neuer Tag, sondern sogar ein neues Jahr!«, versuche ich mich auf die positive Schiene zu lotsen.

Ein paar Stunden später ist der Klettergurt beinahe trocken, und ich versuche mit aller Kraft, mit den Wellen zusammenzuarbeiten. Der Wind bläst heute ganz ordentlich, aber die Wellenbewegungen kommen wieder einmal gefühlt von allen Seiten und ohne jeglichen Rhythmus. Ich schaffe es nicht, eine anständige Geschwindigkeit aufzubauen. Dass sich die Wellen so offenkundig gegen mich zu wenden scheinen, schmerzt mich. Was habe ich den Wellen denn getan, dass sie mich so unfair behandeln? Ich versuche, die unregelmäßigen Schaukelbewegungen bestmöglich auszubalancieren, und muss immer wieder wie erstarrt innehalten. Mein unterer Rücken und die Rippen schmerzen heute unsäglich. Der physische Schmerz wendet sich komplett nach innen, und meine heute Morgen auf positiv gestellte Weiche löst sich in nichts auf. Frustration wandelt sich, ohne dass ich die Kraft dazu hätte, den Vorgang zu stoppen, in eine Form innerer Selbstzerstörung. Ich fühle mich wie ein kleiner, unscheinbarer und vor allem unwichtiger winziger Klecks auf der Erdoberfläche. Es ist ganz egal, ob ich hier bin oder eben nicht mehr, ob es mich gibt oder nicht.

In den vergangenen Jahren habe ich mir immer wieder eingeredet: »Es wird besser!« und »Dieses Jahr wird es besser, dies wird dein Jahr!«, manchmal sogar: »Dieses Jahr wird alles wahr, was du dir wünschst!«

So ein Schwachsinn. Das Leben funktioniert nicht so.

Es gibt zu viele Faktoren, die ich nicht kontrollieren kann, und trotzdem hoffe ich immer wieder auf kleine Wunder. So komme ich doch nicht weiter! Also, doch, ich bin ja immerhin so weit gekommen, dass ich aktuell mitten auf dem Atlantik bin. Doch selbst hier stehe ich jeden Tag mit der kindlichen Freude einer Dreijährigen auf dem Deck und halte nach wilden Tieren Ausschau. Wo sind sie, die schönen Meeresbewohner? Kommen sie vorbei und begrüßen mich? Doch nie sehe ich eine Flosse, auch keine Bewegung unter Wasser. Meine Enttäuschung ist groß. Jeden Tag. Wie so oft in meinem Leben. Jeden Tag lächle ich und gebe mein Bestes, glücklich zu scheinen. Ich bin's nicht. In den letzten 15 Jahren ist keiner meiner innersten Wünsche und Träume wahr geworden. Gut gemeinte Ratschläge wie »Gute Dinge kommen zu denen, die warten« kontrastieren mit »Mit Nichtstun kommst du halt nirgends hin«. Aber warum muss immer ich mich in Bewegung setzen, und weshalb kommen diese guten Dinge nicht endlich mal auf mich zu? Wenn ich könnte, würde ich meinem Leben etwas Weichspüler hinzufügen.

Es gibt Menschen, die seit Kindertagen eine beste Freundin oder einen besten Freund haben. Bei manchen bleibt diese Freundschaft über die Jahre bestehen. Ich gehöre nicht zu diesen Menschen. Lebensentwürfe und Entwicklungen auf dem Weg meiner Freunde wichen oft von den meinen ab. Das gehört wohl zum Leben. Nur selten zerbrachen Freundschaften an Vorkommnissen, hinterließen aber tiefe Narben bei mir. Über die Jahre betrachtete ich diese Narben als Lernmomente, welche mich zu der Freundin meiner Lieblingsmenschen machten, die ich heute bin.

In der langen Schulzeit der Ausgrenzung konnte ich selten tiefe Freundschaften schließen, denn ich war permanent darauf bedacht, anderen zu gefallen, nicht anzuecken und meine wahre Natur meist zu verstecken. Klar, Teenagerjahre sind geprägt von einer Suche nach dem eigenen Platz in der Gesellschaft und der Umgebung, in der man sich befindet. Diese Zeit zog sich bei mir etwas in die Länge. Durch die drei Studienorte Zürich, Kalifornien und Lausanne lernte ich viele Menschen kennen. Freundschaften auf Zeit wechselten sich ab. Die Kultur und Mentalität der drei Orte könnten unterschiedlicher nicht sein. Mit meinen Anpassungsfähigkeiten fand ich mich schnell überall zurecht.

Solang ich mich sportlich betätigen konnte, fand ich immer einen positiven Anknüpfungspunkt, um mich in meinem aktuellen Zuhause wohlzufühlen. Von außen betrachtet, schien alles in meinem Leben im Fluss zu sein und zu passen. Doch ich spürte, dass Selbstzweifel meinen Fortschritt immer wieder wie Sand im Getriebe verlangsamten. Ich fühlte mich oft nicht richtig wahrgenommen und fragte mich häufig, ob die anderen Menschen mich überhaupt sahen. Ich suchte den Fehler immer bei mir als Person und erlaubte mir nicht, mein Leben meinen Vorlieben entsprechend zu gestalten. Dabei ist es ja unsere gelebte

Individualität, die uns erst wirklich sichtbar macht. Ich war aber in der Angst gefangen, mich anderen aufzudrängen und als Wichtigtuerin wahrgenommen zu werden.

1999 ging ich für ein Jahr zum Studium der Sportmedizin nach Visalia in Kalifornien. Hier merkte ich, dass ich meine beinahe forcierte Zurückhaltung abbauen konnte. Manche werfen den Amerikaner:innen Oberflächlichkeit vor, doch ich würde es eher als Offenheit bezeichnen. Natürlich kann ich da nicht für alle sprechen, aber ich fand mich in der häufig lebensbejahenden und positiven Einstellung wieder, und Freunde aus dieser Zeit wohnen zwar am anderen Ende der Welt, sind mir aber immer noch sehr nah. Entsprechend logisch schien es mir, mein Sabbatical 2009 wieder dort zu verbringen. Unterdessen hatte ich auch begonnen, genauer in den Spiegel zu schauen, auch wenn gewisse Scheuklappen montiert blieben. Ich gestand es mir immerhin schon ein, dass ich lieber in Kalifornien leben würde als in Zürich, und handelte dann auch entsprechend danach. Wiederum lernte ich viele Menschen kennen, mit denen ich auch heute noch Kontakt pflege und die ich als Freunde bezeichne.

Spätestens als die wirtschaftliche Krise es der Praxis in Los Angeles, in der ich arbeiten sollte, unmöglich machte, die mir angebotene Stelle finanziell abzusichern, wurde mir klar, dass ich noch einige Dinge in der Schweiz zu regeln hatte. Es war Zeit, die Scheuklappen etwas zu öffnen. Wenn ich mich selbst besser betrachtete, konnten mich vielleicht irgendwann die anderen auch sehen. Die Arbeit der folgenden Jahre war herausfordernd und nach wie vor geprägt vom Gefühl, ausgeschlossen zu sein. Wie oft hatte ich mein Wohlergehen vom Außen, von Menschen und Tatsachen abhängig gemacht und nicht realisiert, dass ich selbst meine beste Freundin bin? Ich glaube, ich habe mich nie wirklich an einem Wohnort verwurzelt gefühlt. War es deshalb so einfach, mich für einen temporären Wohnort auf dem Wasser zu entscheiden, wo Wurzeln überhaupt nicht wachsen können und ich keine langlebigen Freundschaften schließen kann?

Ich mache eine Pause und hole mich mit der Unterbrechung, dem Aussetzen der rhythmischen Bewegung, augenblicklich ins Jetzt zurück. Ich kann an meiner aktuellen Situation, seit drei Wochen auf See, meilenweit weg von anderen Menschen, nichts ändern. Ja, ich bin allein, und mein Leben hat in allen Teilbereichen noch Optimierungspotenzial. Ich realisiere, dass jeder Tag ein Auf und Ab ist, ein Wechsel von Hochs und Tiefs, wie es die Wellen auch sind. Aufkommenden Gedanken aus der Vergangenheit kann ich nicht ausweichen, denn es fehlt mir an Möglichkeiten, davor davonzulaufen. Mein Boot ist zu klein dazu. Ein kurzes Lächeln huscht über mein Gesicht, als ich mich in meiner Vorstellung mühsame Runden auf Deck drehen sehe. Definitiv ein Motiv für einen YouTube-Hit. Und wie von selbst ergreife ich die Ruder wieder, denn wenn ich nicht rudere, komme ich auch nicht so gut vorwärts und werde noch viel länger unterwegs sein. Simple Logik. Was ich ändern kann – und ich merke, ich werde darin immer besser –, ist meine Betrachtungsweise.

Aus dem Lautsprecher ertönen sanfte Klänge einer alten *Café-del-Mar*-Playlist, und ich richte meinen Blick nach links.

Moment, war das nicht gerade ein Wal, der kurz an der Wasseroberfläche aufgetaucht ist?

Ja, ich glaube schon, ich bin mir aber nicht ganz sicher, denn er war ungefähr fünfzig Meter von mir entfernt. Doch, da ist er schon wieder, diesmal nur noch etwa zwanzig Meter weit weg.

Kommt er etwa noch näher? Ich unterbreche meinen Ruder-rhythmus nicht und schaue gebannt auf die Wasseroberfläche links von mir. Und plötzlich zucke ich zusammen. Ein Wal, sicher so groß wie mein Boot, schwimmt direkt unter mir durch. Das Wasser ist so klar, dass ich glaube, er touchiert gleich mein Steuerruder. Natürlich täuscht die Perspektive, und ich habe das Gefühl, der Wal hat gemerkt, dass ich ob seiner Nähe erschrocken bin. Jetzt taucht er wieder in für mich angenehmer Distanz von abermals zwanzig Metern auf, als wolle er mir sagen: »Sorry, ich wollte dich nicht erschrecken. Wollte nur kurz Hallo sagen.«

In Gedanken an meinen heutigen guten Start in den Tag und die schöne Walbegegnung nehme ich mir einen kurzen Moment Zeit, meine Perspektive anzupassen. Ein Problem klar zu erkennen heißt auch, dessen Lösung in den Händen zu halten. Wie die Lösung bezüglich meiner eigenen Wertschätzung aussieht, weiß ich nicht, und ich beschließe, mit den aktiven Schritten zu warten, bis ich wieder an Land bin.

21° 8.01 N, 027° 38.06 W – Wellengespräche

Die Tage gleichen sich in vielem sehr. Das Meer ist salzig, der Tag beginnt irgendwann, und ich verbringe ihn meist mit Rudern. Und doch ist jeder Tag anders. Das Meer hat jeden Tag eine leicht andere Farbe, die Wellen sind jeden Tag verschieden und überraschen mich auch jetzt noch immer wieder aufs Neue. Ich markiere immer noch jeden Tag mit einem weißen Strich auf der Wand der Innenkabine, aber seit einigen Tagen vergesse ich am Abend immer wieder, ob ich nun den Strich schon gemacht habe oder nicht. Ich vergesse auch, den wievielten Tag ich auf dem Wasser bin. Und so zähle ich Tage anhand des aktuellen Datums vom 12. Dezember aus regelmäßig an den Fingern ab.

Heute ist der 22. Tag, und er beginnt mit dem Erwachen aus einem lustigen Traum. Meist vermischt sich die reale Welt mit dem Traum, und heute habe ich ein Prachtstück von einem »realen Traum« fabriziert. Ich bin bei einer Preisverleihung, bei der eine Art Oscar für die beste Welle vergeben wird. Dabei geht es in einer Kategorie um die Welle, welche am heftigsten an der Bootskabine zerschellt. Natürlich gibt es einige hochkarätige Anwärter für die Auszeichnung. Genau in dem Moment wird mein Boot reell von einer großen Welle erfasst, und ich wache leicht auf. Mein Traum läuft weiter, und mein erster Gedanke ist: »Diese Welle ist ein Gewinner. Sie wird den ersten Platz belegen.« Und in meinem Traum pflichten mir einige der Teams bei, die sich aktuell auch gerade auf dem Atlantik befinden.

Meine Lider heben sich, und ich komme wieder in der realen Welt an. Ich schmunzle, wer würde denn bitte einen Preis an die am härtesten zuschlagende Welle verleihen?

Nach den vergangenen etwas negativlastigen Tagen möchte ich heute achtsam mit mir, meinen Worten und Gedanken umgehen. Dazu gehört auch, finde ich, dass ich den Menschen an Land gegenüber ehrlich und klar bin. Ich schreibe einige Kurznachrichten, in denen ich versuche, mich klar auszudrücken und mich abzugrenzen. Erstens kann ich nicht allen Wünschen entsprechen, und zweitens habe ich hier draußen eine klare Aufgabe, was nicht viel Raum für Diskussionen lässt. Schon gar nicht über Dinge, die in der Vergangenheit passiert sind oder für mich und meine Situation irrelevant sind. Mir ist bewusst, dass meine Einteilung in wichtig und unwichtig wohl nicht für alle nachvollziehbar ist, doch diese Tatsache streift nur kurz meine Logik.

Nun ist es aber auch so, dass geschriebene Nachrichten ohne Gesichtsausdruck und Tonfall überbracht werden. Die Absenz dieser wichtigen Parameter öffnet oftmals sehr viel Spielraum für Interpretationen. Und genau diesen Spielraum gebe ich heute offenbar zur Genüge. Mein Versuch, meine Formulierung möglichst neutral zu halten und mich klar auszudrücken hat zur Folge, dass meine Textnachrichten total fehlinterpretiert werden und auch ich die Antworten wahrscheinlich anders lese, als sie gemeint sind. Es entsteht ein Hin und Her, welches mir nicht guttut. Tief in mir drin weiß ich, dass die Menschen verschieden sind und alle, mich eingeschlossen, mit etwas Abstand Dinge wieder in ein anderes Licht rücken und sich die leichten zwischenmenschlichen Wogen wieder glätten werden. Ich trenne die Satellitenverbindung.

Der Austausch mit der Außenwelt hinterlässt Spuren, denn auch wenn ich der Herausforderung aus dem Weg gehe und die geschriebene Unterhaltung kappe, verschwindet sie nicht. Es ist in etwa so, als hielte ich die Hände vor die Augen und würde behaupten, das Meer sei nicht da, weil ich es so auch nicht sehe. Die unterdrückte Energie kann sich nun wunderbar entfalten. Ich verfalle in eine Ist-mir-doch-egal-Stimmung. Diese Überquerung ist mir egal, das Leben ist mir egal, alles ist mir schnuppe. Missmutig ziehe ich meine Ruder durch die unruhigen Wellen, die mir heute besonders aufmüpfig und hinterhältig vorkommen. Sie kommen gefühlt von allen Seiten, obschon der Wind eigentlich perfekt in westliche Richtung bläst. Aber ich habe unterdessen auch begriffen, dass es nicht nur den Wind für ein optimales Vorwärtskommen braucht, sondern eben auch die Wellenbewegungen. Es ist immer wie eine Lotterie, ob alle Komponenten – Wind, Wellen und Strömung – gut zusammenpassen.

Heute passt aber irgendwie nichts zusammen. Diese fiesen kleinen Wellen von links kommen ganz unscheinbar daher, als wollten sie sagen: »Wir sind etwas neugierig und wollten nur mal kurz über deinen Bootsrand schauen. Also, nur schauen!« Und dann, im letzten Moment, wenn ich meinen Blick bereits wieder auf ihre größeren Freunde gerichtet habe, hinterlassen sie ihre nassen Spuren und verteilen ihre obersten Wassermassen auf dem Deck, meinem Rudersitz und meinen Schuhen. Ich glaube, es sind die kleinen Schwestern der »Süßes-oder-Saures«-Wellen, die sehr ähnlich sind, aber immerhin schon beim Heranrollen ihre Absicht klar kommunizieren.

»Merci vielmal!«

Genervt rudere ich weiter und lasse meiner Frustration freien Lauf. Ich decke die Wellen mit Kraftausdrücken ein und fluche, dass sich die Balken biegen. Ich bin erstaunt, welch kreative Worte meinem Mund entweichen, und manchmal wird eine besonders ausgefallene Kreation von einem beinahe hämischen Lächeln begleitet. Postwendend erhalte ich eine Antwort von Mutter Natur, die mich wieder einmal darauf hinweist, wie die Kraftverhältnisse auf dieser Welt wirklich sind und dass ich mit negativen Vibes oft einfach einen Umweg nehme. Das Sprichwort »Wie man in den Wald ruft, ruft es zurück« wird auf die Ozeanverhältnisse umformuliert und findet auch hier seine Bestätigung.

Um mir eine kitzelnde Strähne aus dem Gesicht zu wischen, lasse ich kurz mein linkes Ruder los. Die Wellen nutzen genau diesen kurzen Augenblick, um sich das Ruderblatt zu schnappen und mir so den Griff mit aller Wucht in den Bauch zu rammen. Es verschlägt mir beinahe den Atem. Meine Gesichtszüge verziehen sich zu einer Grimasse, und schnell greife ich wieder zum Ruder und versuche, den Schmerz zu ignorieren. Schon oft hat mir das Ignorieren eines Schmerzes den Blick für andere Dinge geöffnet. Heute klappt dies auf den Tag verteilt überhaupt nicht. Jedes Mal wenn ich das Ruder auch nur kurz loslasse, um einen Snack zu ergreifen oder einen Schluck aus meiner Trinkflasche zu nehmen, werde ich wieder irgendwo getroffen. Schläge auf Schienbein, Oberschenkel, Schulter und untere Rippenbögen lassen mich vage erahnen, dass ich bald übersät mit blauen Flecken einem Dalmatiner Konkurrenz machen werde. Meine Null-Bock-Stimmung ändert sich dadurch natürlich auch nicht.

Nach einer ultrakurzen Pipipause schaukelt Miss Universe genau wieder im falschen Augenblick auf die andere Seite, und ich verliere das Gleichgewicht beim Hinsetzen. Erneut falle ich auf das linke Ruder, exakt auf dieselbe Stelle wie vor einigen Tagen. Der Schmerz treibt mir die Tränen in die Augen. Ich will nicht Opfer meiner Situation sein, aber die Herausforderung ist gerade enorm. Oder stehe ich mir selbst wieder einmal im Weg?

Natürlich entscheidet sich der Zufallsgenerator genau jetzt für einen romantisch angehauchten Song, welcher mich weiterweinen lässt und mir indirekt zeigen möchte, dass ich eben doch viel fühle und mir nicht alles egal ist. Ich blende diesen Wink mit dem Zaunpfahl aus. Dann besingt Mariah Carey mit viel Pathos den *Hero,* den wir alle in uns tragen. Ich fühle mich absolut nicht wie eine Heldin und habe Mühe, mich meinem heutigen Schicksal hinzugeben. Es scheint, als fände ich heute einfach nicht meine Mitte.

Irgendwie ist es passend, dass die Wind- und Wellenverhältnisse größere, entspannte Pausen nicht zulassen und ich, damit ich auf Kurs bleibe, einfach immer weiterrudere. Rudy, mein Autopilot, beginnt nämlich jedes Mal, wenn ich kurz einen Nussriegel auspacke, mit seinem nervigen Piepsen und kündet seinen imminenten Abgang in den Stand-by-Modus an. Ich habe heute das Gefühl, er ruft viel schneller als sonst aus. Kann es sein, dass auch er einen schlechten Tag hat?

Selbst das Essenzubereiten findet heute simultan mit Weiterrudern statt. Immerhin habe ich aus den Schlägen auf die diversen Körperteile gelernt, das linke Ruder, das mir offenbar wirklich nicht wohlgesonnen ist, so zu fixieren, dass es den Jetboil beim Wassererhitzen nicht umwerfen kann. Eine

Brandwunde brauche ich zusätzlich zu den blauen Flecken nicht auch noch. Irgendwie schaffe ich es, einen Gemüseeintopf zu löffeln, während ich immer mit einer Hand weiterrudere und den Kurs halte. Einfach ist dies nicht. Weder das Rudern noch das gleichzeitige Essen, denn ich habe weder Hunger noch Lust, etwas zu mir zu nehmen. Doch ich habe heute auch eine Textnachricht von meinem Arzt erhalten, welcher meine minimalistische Kalorienzufuhr nicht gern sieht. Es wäre ihm wohler, wenn ich mindestens die mitgebrachten 3.600 Kilokalorien täglich zu mir nähme. Ich habe ihm verschwiegen, dass ich noch nicht annähernd an dieser Zahl dran bin. Heute sind es zum ersten Mal am Ende des Tages immerhin deren 2.700, und ich bin fast ein wenig stolz darauf. Einige Male will ein bereits geschluckter Bissen den Weg wieder in meine Mundhöhle antreten, doch ich weise ihm mit einem erneuten Schlucken den Meister und komme mir dabei ein bisschen wie eine Kuh vor. Wie gern hätte ich auch vier Mägen, um ein wenig mehr Nahrung aufnehmen zu können.

Soll ich mich heute überhaupt waschen und vom Salzwasser befreien? Die Sonne ist nur noch knapp am Horizont sichtbar, und meine Stimmung ist unterm Strich unverändert. Null Bock. Was bringt es, wenn ich mich wasche? Nur um auf dem Weg zum anderen Ende des Bootes wieder eine Salzwasserdusche einer fiesen Welle zu erhalten? Mein Boot müsste ich auch putzen und waschen, denke ich, während ich mit meinem Daumennagel die Salzkruste rund um eines der kleinen Displays entferne. Die Anzeige der noch auf dem Atlantik verbleibenden Seemeilen wird wieder sichtbar. Enttäuscht und traurig lasse ich meine Hand sinken, denn die Zahl ist immer noch sehr viel größer als jene der bereits zurückgelegten Distanz. Ich lasse das Boot salzig, wasche mir aber etwas oberflächlich Sonnen-schutz und Salz vom Körper und verschiebe das Zähneputzen auf morgen.

Kurz vor dem Rückzug in meine Kabine kommt Reginald vorbei. Wie auf Knopfdruck löst sich die innere Anspannung, und ein Lächeln macht sich auf meinem Gesicht breit. Ich schaue ihm zu, wie er seine gewohnte Flugbahn um mein Boot fliegt und nach kurzem Innehalten auf meiner Höhe mit ver-spielten Kurven aus meinem Blickfeld verschwindet. Mit einem tiefen Atemzug der Dankbarkeit öffne ich meine Kabinentür.

Drinnen fühlt es sich heute ausnahmsweise beinahe trocken an. Als Erstes höre ich ein neues Geräusch. Es hört sich wie eine alte knarrende Tür an. Mein Blick wandert zu Rudy, und jetzt wird mir klar, dass er einen noch viel schlechteren Tag ge-habt hat als ich. Dank Wind, Wellen und meiner Wut habe ich nicht realisiert, dass er aus den letzten Löchern pfeift. Wegen dem vielen Korrigieren und meiner manchmal minimalen Ge-schwindigkeit ist er überlastet. Nach näherem Inspizieren, Ölen und gut Zureden entscheidet er sich, im Innern zu blockie-ren. Ich kann es ihm nicht verübeln und fühle mit ihm. Auch ich bin heute innerlich blockiert gewesen, und es ist mir auch etwas egal, ob Rudy nun blockiert oder nicht.

Mein zweiter Autopilot, Rudys Ersatz, wartet schon in der vorderen Kabine auf seinen Einsatz. Ich komme heute also zu einer ruhigen Nacht, und es kümmert mich auch überhaupt nicht, ob ich nun in der kommenden Nacht ein paar Kilometer vom Kurs abkomme oder nicht. Da ich noch so weit weg vom Zielhafen auf Antigua bin, habe ich noch genügend Zeit und Distanz, den Kurs zu korrigieren. Dass ich ankomme, weiß ich, das ist so klar wie Quellwasser. Auch wenn ich heute etwas mehr Mühe hatte als bis jetzt auf dem Meer, mich aus meiner gefühlten Misere herauszuholen, habe ich weiterhin nicht den geringsten Zweifel daran, es auf die andere Seite des Atlantiks zu schaffen.

Diese Gedanken haben eine ausgleichende Wirkung auf mich, und ich raffe mich auf, meine Nachrichten via Satellitenmodem herunterzuladen. Ich bin froh, dass John meinen Gedankengang bezüglich der Kurskorrektur bestätigt. Mein Arzt hat mir auf meine Frage, was ich wegen meines schmerzenden Bauches machen könne, geantwortet. Natürlich habe ich verschwiegen, dass ich mich von meinem Ruder in den Bauch habe schlagen lassen, und eher von meiner Muskulatur gesprochen, welche mich kaum ohne Schmerzen bewegen lässt. Seine logische Antwort lautet: Weiter regelmäßig auf meine Elektrolyte zu achten. Ups, stimmt, die Kochsalztabletten, welche ich alle vier Stunden einnehmen sollte, habe ich heute, fixiert auf meine miese Stimmung, komplett vergessen. Die Tabletten schmecken im Mund extrem salzig, und ich glaube, sie beginnen sich auch sofort aufzulösen, sobald sie auf meiner Zunge liegen. Ich versuche deshalb, wenn immer möglich, die kleine weiße Tablette zwischen meinen Zähnen einzuklemmen, damit sie nicht mit meiner Zunge oder dem Zahnfleisch in Berührung kommt, bis ich meine Trinkflasche ansetzen und sie, umgeben von frischem Trinkwasser, in Richtung Magen spülen kann. Das versuche ich auch jetzt, doch eine kleine Welle erfasst das Boot, und die kleine Tablette entgleitet mir. Ich kann auf den ersten Blick nicht sehen, wohin sie gefallen ist, und suche vorsichtig mit den Augen den möglichen Landebereich ab.

»Wo bist du hin?«, frage ich sie und beginne zu singen: »Where did you go, my lovely? Where did you go?«

Ich schmunzle, denn No Mercy singen dieses Lied nicht in der Vergangenheit hängend, sondern bleiben im Jetzt. Und das seit 1996.

Laufen ist seit meiner Teenagerzeit meine liebste Sportart, und es ist über die Jahre auch eine Art Freundschaft daraus entstanden. Wenn es mir nicht gut ging, war das Laufen der Freund, der da war und zuhörte. Falls ich irgendeinen wichtigen Punkt nicht sah oder ignorierte, hat mich mein Freund darauf hingewiesen, indem ich entweder Mühe mit dem Atmen bekam und mein Tempo drosseln musste, oder er hat mich aus einem anderen Grund zum Anhalten eingeladen, um die Aussicht zu genießen oder mich an einen Baum zu lehnen.

Mit 17 Jahren nahm ich zum ersten Mal an einem Berglauf teil, der von den Organisatoren falsch vermessen wurde und nicht über 39, sondern ungefähr 45 Kilometer ging. Mit Straßenschuhen an den Füßen ging's auf über 2.700 Meter über Meer hinauf. Zwei Jahre später nahm ich dann an der Königsdisziplin derselben Veranstaltung teil und absolvierte ganze 78 Kilometer, wiederum in Straßenschuhen. Mit einem glücklichen Lachen im Gesicht überquerte ich nach knapp elfeinhalb Stunden in Davos, in den Bündner Bergen, die Ziellinie. Meine Eltern waren extra für diesen Event angereist und hatten mir am Vorabend noch klar gesagt, dass ich diese Distanz nicht für sie laufen müsse. Einerseits fand ich das sehr schön, denn offenbar hatten sie mich in den letzten Jahren genau beobachtet und wahrgenommen, dass ich es möglichst allen recht machen wollte. Und andererseits war dies wohl eine klare Ansage, dass ich ihnen nichts beweisen müsse und ohne einen Finger zu bewegen oder Schritt zu laufen, so wie ich bin, perfekt sei.

Sie haben mich auf der Strecke angefeuert und freuten sich über meinen Zieleinlauf genauso wie ich. Da die Zeit für mich immer noch nicht wichtig war, verließ ich das Zielgelände auch sofort, um eine wohlverdiente warme Dusche im Hotel zu genießen. Zwei Wochen später schickte mir eine Zuschauerin ein Paket zu, das den Preis des Kategoriensiegs enthielt. Sie hatte ihn netterweise an der Siegerehrung abgeholt, denn die Organisatoren schickten nicht anwesenden Gewinnern keine Preise nach. Nach etwas Nachforschen fand ich heraus, dass die andere Läuferin in der Kategorie der jüngsten Teilnehmer den Lauf aufgegeben hatte. Natürlich habe ich mich über meinen Bergkristall auf dem Holzsockel gefreut, doch wünschte ich der anderen Teilnehmerin, dass sie den Lauf hoffentlich auch einmal zu Ende laufen würde.

Über die Jahre nahm ich immer mal wieder an diversen Läufen teil und steigerte die Laufdistanz mit 33 Jahren von 78 auf 160 Kilometer. Bis dahin lief ich immer nur bei Tageslicht, denn die Nacht war mir meist etwas unheimlich. Mein Training gestaltete ich meist nach Lust und Laune, ohne konkreten Plan. Einen Coach hatte ich nie, der Aufbau eines Trainings war mir fremd, und auch ernährungstechnisch frönte ich weiter der Schokolade.

Nun betrat ich aber Neuland und hielt nach Infomaterial und Tipps Ausschau. Da ich zu dieser Zeit gerade ein Sabbatical in Südkalifornien verbrachte, schloss ich mich einer Laufgruppe an, welche von meinem Coach Jimmy Dean Freeman gegründet wurde. Er hat es als Einziger verstanden, mich so zu führen, dass ich immer das Gefühl hatte, die Zügel meines Wagens in der eigenen Hand zu halten. So überreichte er mir meinen Trainingsplan für die kommenden sechs Wochen auf sechs rosaroten Post-it-Zettelchen notiert. Für jede Woche ein Post-it. Die wichtigsten Worte waren aber seine ersten, bevor ich den Plan erhielt:

»Wenn du müsstest, könntest du diese 160 Kilometer morgen schon laufen. Du weißt, was es heißt, lange Distanzen zu laufen, und du kennst deinen Körper. Jetzt dürfen wir auch noch deinen Kopf davon überzeugen.«

Wow, da war ein Mensch, der mich erst seit zwei Kaffee kannte und mich doch sah. Seine Worte gingen irgendwo in meinem Körper in Resonanz, und ich spürte, dass seine Aussage sehr gut zutraf. Da Jimmy selbst schon über diese Distanz gelaufen war, wusste ich, wovon er sprach, und glaubte ihm. Zum Schluss unseres Treffens gab er mir die zweite wichtige Information. Er wies mich an, den Trainingsplan wie Wasser zu betrachten, das wie ein Fluss um mein Leben, meinen Tagesablauf fließt. An Reisetagen würde ich nicht laufen, denn der Stress einer Reise sei schon genug Belastung für mein System. Und falls ich an einem Tag, an dem zwei oder drei Stunden Laufen auf dem Plan stünden, unvorhergesehen keine Zeit mehr finden würde, dann solle ich auf keinen Fall das versäumte Training am folgenden Tag kompensieren.

Im Sommer 2010 war es dann so weit, und ich lief die hundert Meilen zum ersten Mal in knapp 29 Stunden am Stück. Wobei, »laufen« breit interpretierbar war und »fortbewegen« wohl besser gepasst hätte. Bergab lief ich, auf flachen Stücken versuchte ich, in einem Tempo zu laufen, welches ich über Stunden halten konnte, und bergauf marschierte ich. Die ersten hundert Kilometer war ich allein unterwegs, und ich ließ mich über Kopfhörer meist von Musik begleiten. Dank Jimmys Weckmelodie im Mietsbungalow konnte ich noch 15 Minuten vor dem Startschuss den Song Lovely Day *von Bill Withers auf meine Playlist laden und bekräftigte dann auch mitsingend die ersten beiden Stunden, dass es ein wunderbarer Tag werden würde. Auf die Frage von*

No Mercy Where Do You Go (My Lovely) *hatte ich nur eine vage Antwort. Zur Ziellinie, ja, doch bis dahin war es noch weit.*

Auf den letzten sechzig Kilometern bekam ich Gesellschaft von Katie, die mich durch die Nacht begleitete. Es half, dass wir uns schon aus der Laufgruppe kannten und sie einen ähnlichen Musikgeschmack hatte. Statt aus den Kopfhörern erklang die Musik nun aus unseren Kehlen, als wir I Got a Feeling *von den Black Eyed Peas in die Nacht hinaussangen. Auch die Nacht würde eine gute werden. So hatte ich es mir auch erhofft. Doch ohne Katie wäre ich wohl an einen Baum gelehnt eingeschlafen, denn ich war so unglaublich müde, dass sie mich mit kleinen Spielchen im Sinne von »Nur noch bis zur nächsten Kurve, und dann machen wir eine Pause« zum Weitergehen brachte. Irgendwann wurde es Morgen, und meine Lebensgeister erwachten. Mein Zieleinlauf war ein erlösender Moment. Und doch, da erkannte ich zum ersten Mal, dass die Aussage »Der Weg ist das Ziel« manchmal fast zutreffender ist als das Ziel oder die Ziellinie.*

Ich hatte in dieser Nacht viel über mich und meine selbst gezogenen Grenzen gelernt. Wenn der Kopf glaubte, es gehe nicht mehr weiter, hat mich mein Körper immer wieder eines Besseren belehrt.

Diese Tatsache konnte ich danach während vieler Läufe bestätigen. Fast ausschließlich in der Nacht erreichte ich diese scheinbaren Grenzen. Wie 2014 in Griechenland, als ich mir nach 90 von 180 Kilometern einen Ermüdungsbruch im Fuß zuzog. Um halb drei in der Nacht war es selbst in den Bergen Griechenlands relativ kühl, und ich hätte ohne Ersatzkleidung vier Stunden auf den Bus warten müssen. Die Alternative, nämlich weiterlaufen, war nur möglich, da ich ja wusste, dass mein Körper mehr kann,

als mein Kopf das denkt. Und ja, ich bin in Olympia ins Ziel ge-
laufen und habe im Anschluss meinem Körper die Ruhe gegönnt,
welche er für sich forderte. So verfeinerte ich mein Körpergefühl
und meine Wahrnehmung immer mehr. Die Nacht war zu einer
Lehrerin geworden, der ich im Nachhinein immer sehr dankbar
war. Die enorme Müdigkeit, die meist mit dem nächtlichen Lern-
prozess einherging, fand ich hingegen nie toll, und sie fordert
mich bis heute immer wieder aufs Neue heraus.

Heute begleiten mich die Worte eines Mitglieds des Sicherheitsteams: »Sei stoisch!« Ich stehe bereits um 3:15 Uhr auf, um
die aktuell guten Konditionen zu nutzen. Mitten in der Nacht
aufzustehen und zu rudern, ist nicht meine Idealvorstellung
von Spaß. Da passt es ja, die Empfehlung auszuprobieren. Als
gleichmütig, unerschütterlich, weitestgehend frei von Emotionen würde ich mich nicht unbedingt bezeichnen. Meine
weinerliche Stimme am Telefon und meine vielen Tränen über
den Tag zeugen eher von der gesamten Palette an Emotionen.
Zudem schweifen meine Gedanken praktisch konstant ab, und
meine Reaktion ist keineswegs gleichgültig. Also versuchen wir
es mal mit einer stoischen Herangehensweise.
    In der Dunkelheit ist es mir weiterhin nicht wohl zu rudern.
Ich kämpfe stoisch – aha! – gegen die Übelkeit an und atme tief
ein und aus. Mit dem Sonnenaufgang bessert sich die Situation etwas. Heute nehme ich mein Mittagessen bereits um halb
zehn ein und beteilige mich sogleich wieder an der Fischfutterproduktion, denn die Übelkeit gewinnt und lässt mich meinen
Magen wieder über Bord entleeren. Stoisch bleiben, Mund aus-
spülen, zweites Essen zubereiten und in kleinen Bissen runter-
würgen. Es scheint zu funktionieren, aber irgendwie finde ich

diese Gleichmütigkeit nicht so prickelnd. Sie fühlt sich nicht nach mir an.

Warum ist mir denn nur so übel? Das Pflaster gegen Seekrankheit habe ich doch gestern erst neu hinter meinem Ohr angebracht. Meine Hand vergewissert sich, dass der Punkt noch da ist, und findet ihn nicht. In der vergangenen Nacht oder gestern muss er sich gelöst haben. Ich klettere in die Kabine und bringe einen neuen an.

Ich will mich gerade an meine Ruder setzen, da fällt mir auf, dass sich etwas komisch anfühlt. Mit einem Riesenschreck realisiere ich, dass ich seit gut zwanzig Sekunden nicht mit meinem Boot verbunden bin. So schnell ich kann, klicke ich einen der Karabiner an der Sicherheitsleine fest. Wiederum stoisch stelle ich fest, dass dies aufgrund fehlender Konzentration passiert ist, die sich aufgrund meiner großen Müdigkeit gar nicht erst einstellen konnte. Ich entscheide, nicht mehr so früh aufzustehen. Wenn mich in diesen wenigen Sekunden eine Welle aus dem Gleichgewicht gebracht und über Bord geworfen hätte, wäre dies nicht nur das Ende meiner Überquerung gewesen, sondern auch mein Ende.

Ohne mich unnötig zu tadeln, setze ich meine Hauptbeschäftigung fort. Am Nachmittag sind Wind und Wellen immer noch passabel, jedoch lässt meine Motivation zu wünschen übrig. *Lovely Day* hilft mir nicht aus meiner Talsohle heraus, und ich greife zu einem Spiel ähnlich dem, welches Katie auf meinem ersten 100-Meilen-Lauf mit mir gespielt hat. Ich trickse mich selbst aus. Die Wellen sind ungefähr so groß wie manchmal vor der ligurischen Küste, wo ich über viele Jahre meine Sommerferien verbracht habe. Leider ging der Teil mit dem Italienisch-Lernen etwas schief, und für mehr als ein *gelato,* ein Eis, zu bestellen, reichen meine Kenntnisse nicht. Aber das ist jetzt nicht relevant. Ich lasse den Lautsprecher eine Playlist mit italienischen Gassenhauern spielen und stelle mir vor, ich rudere vor der ligurischen Küste. Am Ende der Playlist werde ich zur Belohnung ein Eis essen gehen.

Der Trick funktioniert, ich singe aus Leibeskräften mit und beende den Tag mit einem Lächeln. Stoisch bin ich in den Tag gestartet und habe mich schließlich von Umberto Tozzi, Toto Cutugno und Co. anstecken lassen.

Noch 1.849 Seemeilen bis Antigua.

20° 9.90 N, 032° 9.01 W – Geisterwelle

Es ist weiterhin so, dass ich in der Dunkelheit der Nacht nicht rudern kann, ohne dass mir speiübel wird. Ich sehe das heute als positiven Aspekt, denn die letzte Nacht hat sich wie ein notwendiger Schönheitsschlaf angefühlt. Mein verquollenes Gesicht mag ich zwar nicht im Spiegel anschauen, aber ich fühle mich für die heutigen Aufgaben physisch und mental gewappnet.

Es wird ein weiterer Tag mit guten Verhältnissen, von denen ich auf ganzer Linie profitiere. Mit viel Freude spiele ich mit den Wellen, die etwas größer sind als gestern. Ich versuche, den optimalen Moment zu erwischen, um die Welle surfen zu können. Dafür braucht es genau im richtigen Augenblick einen kurzen, kräftigen Ruderschlag, kurz bevor Miss Universe ganz oben an einer Welle angekommen ist. Es gelingt mir dreimal perfekt. Zu fühlen, wie das Tempo zunimmt und wir mit fast zwanzig Stundenkilometern von der Welle getragen werden, ist unbeschreiblich schön und lässt einen Schwarm von Schmetterlingen in meinem Bauch fliegen. Es entfährt mir ein Jauchzen, und ich fühle mich ein wenig wie ein kleines Kind, das zum ersten Mal auf dem Karussell sitzt. Ich ertappe mich mehrmals, wie ich, in Antizipation und Konzentration vertieft, meine Zunge schräg aus meinem lächelnden Mund strecke. So rudere ich mehrere Stunden, und ich merke kaum, wie die Zeit vergeht und wie gut ich vorwärtskomme.

Das Mittagessen esse ich, ähnlich wie gestern, wiederum zweimal, lasse mich aber davon nicht aus dem Konzept bringen. Frei nach dem Motto »Jetzt erst recht« schiebe ich noch zwei

Dinkel-Schoko-Hörnchen zum Dessert hinterher. Normalerweise finde ich die zu trocken, aber hier in dieser feuchten Umgebung sind sie der perfekte Snack, zumal ich auf einen Schlag
750 Kilokalorien zu mir nehme. Ich zähle immer noch Kalorien, aber nicht wie viele linienbewusste Menschen, sondern
mit der Hoffnung, noch ein paar zusätzliche aufzunehmen. Ich
mache ein Foto und ziehe mir dafür meine schwarzen Shorts
kurz an. Noch vor ein paar Wochen saßen sie mir schön auf
den Hüften. Jetzt muss ich sie mit Sicherheitsnadeln aus dem
Medikamenteseesack enger machen, damit sie nicht runter-
rutschen. Gleichmütig nehme ich dies zur Kenntnis und stelle
mir mehr aus Neugier die Frage, wie viel Gewicht ich wohl verloren habe.

Mein neu gewonnener Gleichmut kommt sofort wieder zum
Zug, als eine Welle auf der Rückseite meiner Hinterkabine explodiert und mich mit einem Salzwasserregenschauer beglückt.
Mein Boot ist immer noch nicht geputzt, und überall klebt
noch der Saharasand, der vor ein paar Tagen offenbar in der
Luft war. Leider hat sich diese feine rotbraune Staubschicht
nicht nur auf dem Boot niedergelassen, sondern auch mein
weißes Langarmshirt eingefärbt. Zusammen mit dieser Spritz-
dusche sehe ich jetzt aus, als hätte ich ein Radquerrennen im
Regen absolviert. Ich lache laut los. Bald wird ein gründlicher
Waschtag unabdingbar werden, vom Boot, meinen Kleidern
und mir, denn ich habe bis jetzt meine Haare nur einmal ge-
waschen – in drei Wochen! Prioritäten sind hier draußen wirklich anders als zu Hause.

Es ist schon speziell, wie es mir an einigen Tagen unbeschreiblich schwerfällt, motiviert zu bleiben, und ich an anderen, wie heute, so fröhlich und gut drauf bin, als wäre es meine

Lieblingsbeschäftigung, in den unruhigen, beinahe rauen Wellen zu rudern.

Am Nachmittag merke ich plötzlich, dass mein rechtes Ruder eiert. Es dauert einen Moment, bis ich realisiere, warum. Die Rudergabel wackelt. Ich lege eine Pause ein und inspiziere sie genauer. Die Schraubenmutter, die die gesamte Installation auf der Außen- und Unterseite des Bootsrandes sichert, ist locker. So locker, dass ich befürchte, sie könnte sich demnächst in die Tiefen des Atlantiks verabschieden. Aus der vorderen Kabine hole ich den Engländer aus der Werkzeugkiste und befestige ihn mit einer Leine an meinem Handgelenk, damit ich ihn nicht verliere, falls er mir aus der Hand gleitet. Ich lege mich flach auf mein Deck, damit ich möglichst stabil bin, wenn ich über den Bootsrand schaue. Das Boot schaukelt ziemlich stark, und nicht nur meine Hände, sondern auch mein Kopf werden regelmäßig ins Wasser getaucht. Ich lache für einen kurzen Moment nicht und ziehe die Mutter, so gut es geht, satt an. Zufrieden mit meiner Arbeit, verstaue ich das Werkzeug in meinem Seesack mit den täglichen Essentials, weil ich es vielleicht ja nochmals brauche.

Während der verbleibenden viereinhalb Stunden am Ruder heute begleiten mich die Beatles, und ich stelle erfreut fest, dass meine Stimme nun wieder längeren Singeinlagen standhält. Von den neunzig Liedern kann ich nur bei dreien nicht mitsingen, meine Zeit als Beatles-Fan im zarten Alter von acht bis zehn Jahren zahlt sich heute aus. Singen, Surfen und ab und zu Stoisch-Sein beflügeln mich. Ich bleibe an den Rudern, bis ich die 1.800-Seemeilen-Marke knacke. Das ist immer noch weit, aber mit der runden Zahl erlaube ich mir, die Ruder zu sichern und den aktiven Teil heute für beendet zu erklären. Ich bin zufrieden, und doch spüre ich eine leichte innere Unruhe, welche ich nicht einordnen kann.

Ich erinnere mich an die verschiedenen kurzen Telefonate heute Vormittag, während denen ich erfahren habe, dass ich mich zeitlich dem Halbzeitpunkt nähere. In einer Woche könnte es bereits so weit sein. Zum ersten Mal errechne ich mein potenzielles Ankunftsdatum. Es ist der 18. Februar. Das ist noch so weit weg, dass ich auf den anderen Teil der Gespräche umschwenke. Von allen bin ich informiert worden, dass Winde und Wellen morgen heftiger sein werden und eventuell auch etwas Regen dabei sein könnte. Ich freue mich beinahe darauf, weil es mir heute wirklich Spaß gemacht hat. Wie viele Wellen werde ich wohl morgen surfen können? Vielleicht sollte ich meine Videokamera mit der starken Klammer so festmachen, dass ich mich dabei filmen kann. Immerhin konnte ich heute viel üben, und wer weiß, was ich werde aufnehmen können.

Die Ankündigungen von gestern bewahrheiten sich heute, und ich blicke freudig, innerlich immer noch leicht unruhig, nach Osten. Die Wellen sind groß, kraftvoll und regelmäßig. Das wird ein Surfspaß werden!

Ein paar Stunden nach Sonnenaufgang kann ich am Horizont eine aufziehende Wolkenfront erkennen. Zeit, die Regenmontur anzuziehen. Es ist zwar nicht kalt, aber ich weiß nicht, wie lange und wie viel es regnen wird. Da möchte ich vorbereitet sein, um heute wieder das Maximum an Wind- und Wellenunterstützung herauszuholen. Ich ziehe mich an, befestige die Videokamera oberhalb der Kabine und setze mich wieder hin. Aus unerklärlichen Gründen verbinde ich mich heute nicht nur über die lange, elastische Sicherheitsleine mit dem Boot, sondern klicke auch den Karabiner der kurzen, nicht elastischen Leine an Deck fest. Meine Bewegungsfreiheit ist jetzt etwas eingeschränkt. Ich starte die Videokamera, um meine Surffähigkeiten filmisch festhalten zu können.

Die ersten paar Wellen erwische ich nicht optimal, und ich konzentriere mich, die nächste gut zu treffen. Gestern war das Timing noch besser. Geduldig warte und erwarte ich die nächste Woge aus Osten, welche in etwa zehn Sekunden anrollen wird. Mein Blick gleitet kurz nach rechts, und ich traue meinen Augen fast nicht. Sofort fühlt es sich an, als ob sich alle Bewegungen verlangsamen und alles in Zeitlupentempo geschieht, während meine Gedanken in Überschallgeschwindigkeit rasen.

Eine sehr große Welle rollt, parallel zu meinem Boot, von rechts direkt auf mich zu. Sie ist nur noch wenige Meter von mir entfernt, und an der Wellenspitze kräuselt sich das Wasser bereits. Sie ist kurz davor, über mir zu brechen! Im Bruchteil einer Sekunde wird mir klar, dass mein Boot höchstwahrscheinlich kentern wird und ich absolut gar nichts dagegen tun kann. Vielleicht kann ich versuchen, wenigstens an Bord zu bleiben? Ich lasse die Ruder los und ergreife die Reling links und rechts von mir, während aus meiner Kehle noch verzweifelt unverständliche Anweisungen an die Welle ertönen.

»Alles ist möglich, nichts ist unmöglich«, schießt es mir durch den Kopf. Vielleicht hat das Meer ja etwas Erbarmen mit mir, und ich überlebe, was nun kommt.

Die Geisterwelle bricht direkt über mir und donnert mit aller Kraft gegen meine Miss Universe. In drei Sekunden wird das 850 Kilogramm schwere Boot samt Insassin wie ein

Fliegengewicht mitten auf dem Atlantik einmal um seine Längs-achse gedreht. Meine eben noch rasenden Gedanken verpuffen, mein Denken ist ausgeschaltet. Alles reduziert sich auf die Wahr-nehmung jenseits von Raum, Zeit und Rationalität.

Im August 2008 war es immer noch spätsommerlich warm, und meine Freundin Nadine und ich hatten uns an einem kleinen See außerhalb der Stadt Zürich zum Schwimmen verabredet. Es würde mir guttun, den Nachmittag mit ihr und ihrer kleinen Tochter in der Natur verbringen zu können. Mit meinem Roller machte ich mich auf den Weg zum verabredeten Treffpunkt. Seit einem knappen Jahr wohnte ich nun wieder in Zürich, und meine Praxis lief richtig gut. Trotzdem merkte ich, dass etwas in meinem Lebens-entwurf nicht ganz optimal war. Eine Unzufriedenheit schien mich dieses Jahr zu verfolgen und nicht loslassen zu wollen. Zusätzlich hatte ich die letzten zwei Wochen wiederkehrende Albträume. Ich fand mich immer wieder in Unfällen wieder, in denen ich, wie ich es im Motorradkurs theoretisch gelernt hatte, mit aller Kraft aufsprang, um möglichst den Aufprall mit einer Hechtrolle über das andere Fahrzeug hinweg vermeiden zu können. Jedes Mal bevor es zum Crash kam, wachte ich verstört auf.

Das erfrischende Nass wusch mir einen Teil meiner Anspannung vom Leib, und wir verbrachten ein paar schöne Stunden zusam-men. Auf dem Rückweg fühlte ich mich wie komplett überspannte Saiten einer Gitarre. Beinahe zum Reißen angespannt. Wie auf rohen Eiern kurvte ich die Straße über den Albispass hinauf und hinunter, immer leicht abbremsend bei Kreuzungen oder Einfahrten von kleinen Nebenstraßen. Es herrschte erstaunlich wenig Verkehr, und ich erreichte das letzte Dorf vor der großen Stadt unbeschadet. Die kritischen Stellen des bei Fahrern mit

Bleifuß beliebten Passes hatte ich nun hinter mir, und ich entspannte mich wieder ein wenig.

Bei der Dorfausfahrt schien mir die späte Nachmittagssonne direkt ins Gesicht. Ich registrierte das Auto bei der Tankstelle rechts und auch das entgegenkommende Fahrzeug. Kaum hatte dieses die Höhe der Tankstelle erreicht, setzte sich auch das andere Auto bei der Tankstelle in Bewegung. Im Bruchteil einer Sekunde realisierte ich, dass der Fahrer mich nicht gesehen hatte, dass ich meinen Roller von fünfzig Stundenkilometern auf null verlangsamen musste, dass der Bremsweg bis zum Auto zu kurz war und dass ich beinahe ungebremst in ein Auto knallen würde. Der Fahrer hatte mich unterdessen auch bemerkt und machte, wohl aus einer Panik heraus, eine Vollbremsung, womit er meine gesamte Fahrbahn blockierte. Ich konnte also weder rechtzeitig abbremsen noch ausweichen.

Es blieb mir nur noch eine Option: Ich ließ den Lenker los und stieß mich mit aller Kraft in die Höhe, um dem Zusammenprall mittels Hechtrolle auszuweichen. Im Traum hatte ich diese ja in den letzten Nächten ausgiebig geübt. Später wurde aufgrund der Unfallskizze berechnet, dass die Zeit zwischen dem Realisieren, was wohl gleich passieren wird, und dem Aufprall 1,2 Sekunden betrug. Dies war der Moment, in dem ich kurz in eine andere Sphäre der Wahrnehmung wechselte.

Ich selbst realisierte nicht, dass meine instinktiv geplante Hechtrolle nicht vollendet wurde, und ich spürte auch nicht, wie ich mit voller Wucht in die Fahrerseite des Autos krachte. Ich schaute von oben auf die Verkehrssituation hinab und fragte mich: »Und was passiert jetzt?« Es fühlte sich komisch an, denn eigentlich ist so ein Unfall eine hochemotionale Sache, und doch kam mir kein Gedanke im Sinne von »Ah, endlich ist es vorbei!« oder

»Nein, ich will noch nicht sterben!«. Mich beherrschte absolute Emotionsneutralität.

Dieser ultrakurze Moment der Ruhe endete abrupt, als ich mich wieder in meinem Körper, auf der Straße stehend, vorfand. Beinahe mechanisch streifte ich meinen Helm ab, legte ihn behutsam auf den Asphalt und schritt von der Straße weg, um mich auf den Gehsteig zu setzen. Und schon hinterließen dicke Tränen nasse Punkte auf meinem Rock. Ich weinte, fühlte aber in meinem Schock keinen Schmerz und konnte keinen klaren Gedanken fassen. Tankstellenangestellte und nachfolgende Verkehrsteilnehmer riegelten sofort die Straße ab und stabilisierten mich möglichst unbeweglich mit dem Rücken an einem Stapel Reifen lehnend. Die schnell angebrauste Ambulanz schnallte mich auf einer Trage fest. Ich wurde mit Blaulicht ins Spital gefahren und unterhielt mich während der Fahrt ruhig mit dem Sanitäter. Ich wusste, dass ich mir neben ein paar heftigen Prellungen und wohl einem Schleudertrauma keine besorgniserregenden Verletzungen zugezogen hatte, Beweise hatte ich noch keine, es war einfach ein Bauchgefühl. Das Protokoll hingegen sah es vor, dass ich einen Besuch im Schockraum machen würde. Was ich schon wusste, wurde durch eine halbe Armee von Ärzten bestätigt: Es war nichts gebrochen oder kaputt. Die Nacht verbrachte ich trotzdem unter Beobachtung, und alle, die mich betreuten, konnten nicht verstehen, warum ich noch lebte.

Ja, der Unfallmechanismus war wirklich ein sicherer Wert, den Zusammenprall nicht zu überleben, und manche konnten nicht verstehen, wie und warum ich es trotzdem tat. Wichtig war, dass ich verstand, was mir dieses Erlebnis mitteilen wollte. Nachdem die eindrücklich schwarz-blauen Hämatome verschwunden waren, schaute ich in den Spiegel und betrachtete *meine Lebenssituation genauer. Ich hatte diese Unzufriedenheit das ganze bisherige Jahr ausgeblendet und unterdrückt, anstatt mich mit ihr und ihren Ursachen auseinanderzusetzen. Schritt für Schritt begann ich, mich mehr mit mir selbst zu befassen und meine Entscheidungen zu überdenken. Es wurde eine lange Reise, welche über Jahre immer wieder neue Richtungen einschlug, und ich bin dankbar, diese außerkörperliche Erfahrung gemacht zu haben.*

Physisch dauerte es eine ganze Weile, bis es mir wieder wohl in meinem Körper war. Lange musste ich mit meinem Fahrrad immer fast zum Stillstand kommen, sobald sich ein Auto von rechts meiner Fahrbahn näherte, Roller fuhr ich danach nicht mehr, und als Beifahrerin im Auto betätigte ich oft das imaginäre Bremspedal.

20° 9.90 N, 032° 9.01 W – Reset

Ich sehe nichts und spüre das Wasser nicht, in das ich geworfen werde. Aber ich spüre einen starken Arm um meinen Bauch. Eine Stimme kommt von irgendwoher:

»Ich bin das Leben. Ich hab dich.«

Es fühlt sich an, als wäre ich ein Kind, das soeben erst laufen gelernt hat. Als könnten meine Beine nicht ganz mit der Geschwindigkeit mithalten, mit der ich mich fortbewege und die Welt endlich aus eigener Kraft entdecken will. Kurz vor dem Sturz vornüber fängt mich der starke Arm der Mutter auf, ein Lächeln auf dem Gesicht. Ich fühle mich sicher und geborgen.

Wie aus einem Traum erwacht, finde ich mich im Wasser wieder. Ein kurzer Blick um mich bestätigt: Ich bin vom Boot geschleudert worden, doch meine Sicherheitsleine hat getan, wofür sie konzipiert wurde. Sie hat mich am Boot gesichert, und ich treibe gleich neben Miss Universe im Wasser. Weder verspüre ich die Nässe des Meeres noch dessen Temperatur. Der nächste Gedanke geht einher mit der nächsten Bewegung: »Zurück aufs Boot! Alles andere ist egal!« Ein kurzer Gedanke an Haie blitzt auf. Ich habe bisher zwar noch keine gesehen, doch weiß ich, dass sie auch immer wieder neugierig nahe an Boote auf dem Atlantik heranschwimmen. Ich verdränge die Bilder und greife nach der Reling. Wie im Automatikmodus klettere ich an Bord, sammle die Trinkwasserkanister ein, die auch alle an Deck befestigt waren und die zusammen mit mir vom Boot geschleudert wurden. Mein Blick fällt dabei auf meine Ruder. Eines liegt in einer unnatürlichen Weise quer. Es ist gebrochen. Das erste Wort, welches mir seit der unverständlichen

Anweisungen vor ein paar Sekunden entweicht, fasst die Situation treffend zusammen:

»Shit!«

Ich habe nun nur noch zwei intakte Ruder, und es ist nicht einmal die Hälfte der Distanz bis Antigua geschafft. Wobei eines dieser intakten Ruder noch halb im Wasser treibt, seit ich es vor einer knappen Minute losgelassen habe.

Der Wind bläst weiter stark, die großen Wellen rollen weiter regelmäßig in Richtung Westen. Mein Alarmmodus sagt mir, dass ich dieses Ruder sofort an Bord bringen und sichern muss. Doch die Leine hat sich um mein linkes Bein gewickelt, und ich kann es nicht frei bewegen. Ja, es blockiert sogar das Ruder. Ein Anflug von Panik ergreift mich. Was, wenn nun die nächste Geisterwelle kommt? Ein drittes gebrochenes Ruder würde mich ohne Kontrolle auf dem Wasser treiben lassen! Rationale Gedanken vermischen sich mit surrealen Aspekten, und ich weiß, dass ich im Begriff bin, die Kontrolle über mich zu verlieren. Ich weiß, dass Angst lähmen und Panik einen Menschen in kopfloses Handeln treiben kann. Panik und ein Ozean sind eine schlechte Kombination.

Meine Hände zittern so stark, dass ich weder die elastische Leine noch das intakte Ruder ergreifen kann. Doch da ist wieder diese Stimme von vorhin:

»Komm zurück und bleib hier. Atme.«

Kniend halte ich mich mit einer Hand an der Reling fest, die andere drückt mit Bestimmtheit auf meinen Oberschenkel. Das Zittern lässt nach, meine Atmung wird tiefer und regelmäßiger. Ich entwirre mein Bein von der einengenden Leine und starte den nächsten Versuch, das Ruder zu sichern. Wieder zittere ich wie Espenlaub.

Jetzt spreche ich es selbst laut aus: »Bleib hier!«

Meine eigene Stimme hat mehr Kraft, als ich erwartet hätte. Der erneute Druck meiner Hand auf meinem Oberschenkel bringt etwas Ruhe in meine Glieder. Die physische Wahrnehmung scheint mich zu erden, auch wenn sich mehr als vier Kilometer Wasser unter mir befinden. Mir kommen Debbys und Johns Worte vom vergangenen Sommer in den Sinn:

»Egal was da draußen passiert: Denke, bevor du tust!«

Wie ein Mantra murmele ich dies vor mich hin, und in den nächsten zwanzig Minuten sichere ich nicht nur das intakte Ruder, sondern auch das gebrochene, fülle meine Trinkwasserflaschen auf und werfe einen kontrollierenden Blick in die vordere Kabine. Eine Werkzeugkiste hat ein Loch, und in der Frühstückskiste ist Kaffeerahm ausgelaufen. Also weiter nichts Schlimmes passiert.

Jetzt ist es an der Zeit, das Sicherheitsteam und Debby zu informieren. Mein Satellitentelefon, das, in meiner Regenjackentasche verstaut, mit mir von Bord gegangen ist, erlaubt mir diese zwei letzten Anrufe, bevor es unbenutzbar wird. Wie ich mag es Salzwasser wohl auf Dauer auch nicht.

Mechanisch berichte ich, was geschehen ist. Ich glaube, mein Adrenalinspiegel ist immer noch sehr hoch. Während des ersten Anrufs bleibe ich im analytisch-strukturierten Bereich, doch dann spreche ich mit Debby, die mich wie eine Schwester kennt. Sie scheint meine Versuche, die Fassung nicht zu verlieren, zu spüren und versucht, mich zu beruhigen. Emotionen überrollen mich in Wellen, die ich versuche wegzudrücken. Es sind zu viele, ich kann sie nicht klar einordnen. Nach dem Anruf fliehe ich zurück in den mechanischen Modus und beende meine Aufräumarbeit an Deck.

Erst in meiner Kabine überkommt mich eine gewaltige Müdigkeit. Das Bild einer Tsunamiwelle kommt mir in den Sinn. Nach den heftigen Wassermassen folgt das große Aufräumen. Dasselbe gilt für meine Geisterwelle. Es hilft, eine Stunde lang die Kabine aufzuräumen, die wild verteilten Dinge wieder an ihren Platz zu verstauen. Das Einzige, was unauffindbar bleibt, ist der Engländer, den ich gestern benutzt habe und auch wieder brauchen würde. Ich verschiebe die Suche nach ihm auf unbestimmte Zeit. Wie heilsam Ordnung sein kann!

Ich bin so froh, dass ich mich heute an die zweite wichtige Vorschrift an Bord gehalten hatte. Neben der eisernen Regel, immer und wirklich immer die Sicherheitsleine an Bord einzuklicken, die den Ruderer mit dem Boot verbindet, ist das Schließen der Kabinentür essenziell. So kann kein Wasser in die Kabine eindringen, und noch wichtiger: Das Boot richtet sich automatisch wieder auf. So ist heute nicht nur alles in der Kabine trocken geblieben, sondern Miss Universe hat auch eine 360-Grad-Drehung vollzogen und mir damit mit Sicherheit das Leben einfacher gemacht. Das Chaos, welches die Rolle hinterlassen hat, ist bewältigbar.

Endlich schäle ich mich aus den nassen Kleidern. Ich zittere wieder, auch wenn mir nicht kalt ist. Wie schön wäre es, jetzt ausgedehnt warm zu duschen und den Luxus eines weichen Bettes mit kuscheliger Daunendecke zu genießen. Ich begnüge mich mit einem Feuchttüchlein, dem letzten frischen und einigermaßen trockenen T-Shirt meines Sponsors und meiner Fleecedecke.

Plötzlich wird mir eiskalt. Offenbar sackt mein Adrenalinspiegel ab. Wie gehe ich jetzt mit dieser Situation am besten um? Meine Gedanken rotieren ununterbrochen, bis mein

Körper ein Machtwort spricht. Nach ein paar Schlucken Wasser und einem Nussriegel falle ich für drei Stunden in einen tiefen Schlaf, um das, was geschehen ist, in der Sicherheit meiner Kabine, auf den Wellen schaukelnd, ruhen zu lassen.

Ich greife nochmals zum Satellitentelefon und spreche mit dem Sicherheitsteam. Die Ruhe hat mir gutgetan, und ich rede mir ein, wieder mehr oder weniger im Gleichgewicht zu sein. Die Empfehlung, mich sofort wieder an die Ruder zu setzen, löst bei mir einen Schweißausbruch aus. Nein, ich bin nicht im Gleichgewicht, ich möchte noch nicht wieder rudern.

»Die Wetterbedingungen werden so bleiben, und je mehr westwärts du kommst, desto windiger wird es, und es wird so sein wie jetzt«, erklären sie mir mit Nachdruck.

Ich bin nicht nur schweißgebadet, sondern fühle mich unter enormen Druck gesetzt, Leistung zu zeigen. Ich bin noch nicht bereit dazu, und ein Teil in mir sträubt sich vehement dagegen. Ich finde, ich gebe hier auf dem Wasser mein Bestes, rudere, wann immer möglich. Vielleicht sieht dies vom Land aus anders aus. Ich weiß nicht, was die Menschen da draußen über mich und meine Anstrengungen denken, aber ich arbeite wirklich, wirklich hart. Jeden Tag meistere ich zahlreiche Herausforderungen, zwinge mich zu essen, spüre manchmal meine Finger nicht, und mein Arsch tut weh. Ich möchte mich gut fühlen auf dieser Überquerung. Dass dies nicht immer klappt, habe ich unterdessen begriffen. Aber ich will mich sicher und gesichert fühlen. Mein Boot gibt mir diese Sicherheit. Und ich bin die Kapitänin dieses Bootes. Ich bin ja auch die Kapitänin meines Lebens. Es ist total egal, was andere von mir denken. Sie sollen mir einfach mein eigenes Tempo lassen, mich traurig oder unwohl fühlen lassen, besonders jetzt, in meinem

Schockzustand. Ich will entscheiden, was gut für mich ist und was nicht. Ich spüre, dass Rudern mir jetzt nicht guttut. Ich bin nicht aus demselben Holz geschnitzt wie andere starke Menschen, wie andere Teilnehmer dieser Regatta. Ich habe meine eigene Art der Stärke und tue Dinge in meinem Rhythmus, meist anders als alle andern. Meine Andersartigkeit empfand ich vor ein paar Jahren noch als schwierig, jetzt beruhigt sie mich. Ich verlasse mich auf mich selbst.

Der Schock lässt nach, und meine Blase meldet sich, dass auch sie loslassen will. Ich klettere aus der Kabine und bemerke das viele Wasser auf Deck. Es geht heute ruppig zu. Die Wellen sind wunderschön anzusehen, und ich spüre die Kraft des Wassers, das so viel mehr ist und kann, als ich es je sein werde. Ja, ich weiß, ich bin Teil des Wassers, und Wasser ist ein Teil von mir. Ich atme, auf dem Eimer balancierend, tief ein. Die Atmosphäre hier draußen fühlt sich plötzlich aggressiv an. Ich kenne dieses Gefühl von Schutzlosigkeit von meinem Rollerunfall vor Jahren.

Zurück im Schutz meiner Kabine überlege ich mir, wie ich meinen Schockzustand reduzieren kann. Rudern, da hat das Sicherheitsteam schon recht, wäre das ideale Mittel. Morgen werde ich hoffentlich wieder dazu bereit sein. Ich greife zu meiner Videokamera und schaue mir die Aufnahme an, die ich vor einer gefühlten Ewigkeit gestartet habe. Es vergehen drei Minuten und 45 Sekunden, bis ich zum ersten Mal selbst sehe, wie ich die Geisterwelle anschreie und über Bord geworfen werde.

Es löst nichts in mir aus. Ich spule zurück und schaue mir die Sequenz weitere zehnmal an und verspüre immer noch keine Reaktion, ich bleibe erstaunlich ruhig. Dann lasse ich das Video weiterlaufen und verfolge auf dem kleinen Bildschirm, wie ich meine Ruder sichere, telefoniere und mein Deck aufräume. Ich fühle mich seltsamerweise gleichzeitig schwach und doch stark.

Ich schicke Debby und Roberto einen 13-Sekunden-Ausschnitt, der die Rolle und mich, wie ich wieder an Bord klettere, zeigt. Gleichzeitig sende ich die simplen Worte »Es hat mich gedreht, aber alles okay. Nur für wenn du das Video siehst« an Roberto und meine Familie. Dass ich so ein Ereignis mit der Kamera festgehalten habe, ist schon sehr speziell. Als hätte ich gewusst, was passieren würde. Vielleicht habe ich dies im Unterbewusstsein auch getan. Und auch wenn in mir noch immer keine Ordnung eingekehrt ist, so werde ich eines Tages bestimmt ruhig und entspannt davon erzählen können. So weit bin ich jetzt noch nicht. Wichtig ist nur, dass ich mich in meinem Körper wieder zu Hause fühle.

Am liebsten wäre ich jetzt gerade zu Hause, auf meinem Sofa, umgeben von meinen Liebsten. Sie sind mir jetzt ganz nah, das spüre ich. Und doch nimmt mich niemand in die Arme. Ich lege die Kamera weg und schlinge meine eigenen Arme eng um mich. Es kullern ein paar Tränen über meine Wangen. Ich starte die Kamera nochmals und erzähle ihr, was heute passiert ist und wie ich mich fühle. Irgendwann, wenn es mir erneut nicht gut geht auf dem Atlantik, kann ich diese Worte wieder anhören und werde erkennen, dass ich es schaffen werde, denn ich habe auch den heutigen Tag gemeistert. Nach einer Weile fällt mir auf, dass ich anfange, mich zu wiederholen, und entscheide, meine kleine Mitleidsparty zu beenden und die Kamera auszuschalten. Meine Liebsten sind zwar meilenweit entfernt, doch über das Satellitenmodem erhalte ich Aufmunterungen und Erinnerungen, tief zu atmen und mich auf meinen Körper zu fokussieren, damit ich mich wieder verwurzelt bei mir selbst fühle. Es wirkt.

Praktische Dinge verlangen meine Aufmerksamkeit. Es sind immer noch 1.600 Seemeilen bis Antigua, und ich habe nur noch zwei intakte Ruder. Was, wenn ein drittes brechen sollte? Ein Blick durch das getönte Glas der Kabinentür bestätigt, was ich vermutet habe. Die beiden gebrochenen Ruder sind an total unterschiedlichen Stellen gebrochen. Vielleicht lässt sich aus zwei kaputten Rudern ein neues bauen. Lieber würde ich zu Gabi McGyver mutieren, als von einer Support-Jacht ein Ersatzruder zu akzeptieren. McGyver kann mit einem Streichholz ein Flugzeug flicken. Ich würde die Ruder auch hinkriegen.

Am nächsten Morgen fühle ich mich erstaunlich gut. Die Bedingungen sind immer noch rau, und ich lenke mich in den ganz frühen Morgenstunden ab, um nicht sofort die Ruder in die Hände nehmen zu müssen.

Ich spüre meine Zeigefinger und Daumen nicht, sie sind taub. Meine Hände sind beinahe zu Fäusten geschlossen. Vorsichtig strecke ich sie und beginne mit einer ausgiebigen Massage meiner Hände und Unterarme. Ich glaube, ich habe mich gestern doch an einigen Stellen angeschlagen, denn auch meine rechte Schulter zwickt, und der bereits sichtbare blaue Fleck auf meinem linken Oberarm zeugt davon. Es kommt langsam Leben in meine Glieder. Ich zögere den Moment, auf Deck zu gehen, nochmals etwas hinaus.

Das eine Satellitentelefon hat definitiv das Zeitliche gesegnet, und das zweite lässt sich nicht mehr laden. Mit der Spitze einer Feile kratze ich vorsichtig rund um die Verbindungsflächen von Ladegerät und Telefon. Es hat sich trotz meiner Vorsicht, alle

Geräte immer in Taschen gegen die salzhaltige Luft zu schützen, Korrosion gebildet. Nach dem Kratzen tupfe ich genauso vorsichtig mit einem Wattestäbchen Azeton drauf. Ich hoffe, es hilft, und ich kann immerhin noch über dieses Telefon mit der Außenwelt sprechen.

Ich will das Weiterrudern nicht länger hinausschieben. Nach Autounfällen wird oft empfohlen, sich so bald wie möglich wieder ans Steuer zu setzen, wenn auch zunächst nur für kurze Strecken. Ich habe keine Lust, meine Ruder zu montieren, nur um sie nach dreißig Minuten wieder zu verstauen. Die vielen Handgriffe brauchen zu viel Zeit. Und so trotze ich wieder Wind und Wellen und lasse mich nicht unterkriegen. Ich kann mich ab jetzt nicht vor jeder Welle fürchten und werde es auch nicht. Ich habe diese Geisterwelle einfach nicht kommen sehen oder erwartet.

Nach vier Stunden mache ich die erste Pause und bin erfreut, dass ich diesen Schock offenbar nun so weit weggesteckt habe, dass ich wieder einigermaßen zügig vorwärtskomme. Meine Befürchtung von heute Morgen, keinen Bock auf das Rudern zu haben oder mich immer noch auf Deck bedroht zu fühlen, bewahrheitet sich nicht. Es macht mir sehr schnell wieder Spaß, mich auf die Bewegungen der Wellen einzulassen.

Einzig mein Hintern macht mir etwas Sorgen. Ich spüre, dass die Haut wundgescheuert ist. Wenn ich jetzt eine zweite Person an Bord hätte, könnte das Ausmaß der Wunde rasch eruiert werden. Ich helfe mir selbst und versuche, mit meinem Telefon bestmöglich ein Foto meiner Pobacken zu machen, und sehe, dass auf jeder Seite eine unschöne, zwar kleine, aber offene Wunde klafft. Jetzt gleich kann ich nicht viel mehr machen, als auf meinem Rudersitz, den ich aus Sportmatten gefertigt habe, Löcher auszuschneiden. So kann ich am Tag den Druck auf die Wunden etwas reduzieren. Am Abend reinige ich die Haut sanft, spraye Alkohol zum Desinfizieren drauf. Da Alkohol die Haut noch zusätzlich austrocknet, tupfe ich später eine schützende Creme drüber. Ich positioniere mich in der Kabine so, dass mein Hintern vom kleinen Ventilator angeblasen wird. Sogar in der Nacht versuche ich, nur diesen Teil meines Körpers nicht zuzudecken, damit die Heilung optimiert wird. Ich mache mir nichts vor, ab jetzt wird diese Routine unabdingbar werden, denn es ist weiterhin weit. Aber: Ich habe in den letzten 24 Stunden ganze vierzig Seemeilen, 74 Kilometer, zurückgelegt, und ich befinde mich nun offiziell auf der zweiten Hälfte meines Weges.

18° 39.40 N, 039° 10.13 W – Alltag

Mitten in der Nacht dreht der Ostwind von sechzig auf achtzig Grad und unterstützt mich somit fast optimal. Ich stehe früh auf, denn im Licht des Mondes kann ich den Horizont erkennen. So kann ich rudern, ohne mit der Übelkeit kämpfen zu müssen. Sobald meine Hände an den Rudern arbeiten, verschwinden die Schmerzen. Meine Hände sind beim Aufwachen immer noch steif, und der linke Mittelfinger knackst bei jeder Beugung und Streckung. Ich erwähne dies heute beim Telefonat mit dem Rennarzt, der sich vergewissern will, dass ich meine Rolle im Wasser gut verarbeitet habe und sich keine zusätzlichen Verletzungen zeitverzögert zeigen. Meine rechte Schulter schmerzt auch heute, aber mir ist bewusst, dass ich Glück gehabt habe. Ich hätte mir auch den Kopf anschlagen und das Bewusstsein verlieren können. Ohne Schwimmweste wäre dies eine üble Kombination gewesen. Daran denken wir nicht, und er wie auch das Sicherheitsteam finden, meine Stimme hört sich gut an. Wir beschließen, unsere Updates ab jetzt nicht mehr am Telefon auszutauschen, sondern die noch verbleibende Batterieleistung für Notfälle aufzusparen. Zum Glück können wir dank des BGAN auf WhatsApp wechseln, und ich werde dem Sicherheitsteam alle zwei, drei Tage per Textnachricht mitteilen, wie es mir geht.

Die nächsten Tage gestalten sich wie die Wellen. Ein stetiges Auf und Ab von Motivation und Emotionen, wobei die Tiefen wie von selbst kommen und ich mich mit aller Kraft bemühe, die Höhen immerhin kurz wieder zu sehen. Dank der

Leuchtkraft des beinahe vollen Mondes stehe ich jeden Tag zwischen halb drei und halb vier auf und rudere einige Stunden vor Sonnenaufgang. Ich bin am Abend so nudelfertig, dass ich bereits um 19 Uhr einschlafe.

Am Tag helfe ich mir mit dem Hören uralter Playlists, und Reginald, die Sturmschwalbe, kommt viermal pro Tag vorbei. Es zaubert mir jedes Mal ein Lächeln aufs Gesicht, wenn ich ihn erblicke, und irgendwann begrüße ich ihn mit frenetischem Winken und rufe laut: »Reggie!« Er nähert sich meinem Boot immer mehr, scheint seine Angst vor meinem Ruder abgelegt zu haben. Er schließt schneller Freundschaft mit meinen langen Werkzeugen als ich. Ich hege immer noch gemischte Gefühle für sie.

Die Rudergabel eiert wieder. Der Engländer ist immer noch in den Tiefen meiner Kabine verschollen, und ich suche mir den Schraubenschlüssel in der passenden Größe aus der Werkzeugkiste heraus. Sie ist aus Kunststoff und hat während der Rolle auch gelitten. Ich flicke das klaffende Loch mit starkem Klebeband. Abermals ziehe ich die Schraubenmutter fest, doch sie löst sich nach einer halben Stunde wieder. Ich hole das Teflonband aus der Reparaturkiste. Ein paarmal um das Gewinde gewickelt, sichert es die Dichtung ausreichend, sodass ich den Schraubenschlüssel wieder verstauen kann.

Jeden Tag unterbreche ich meine Ruderschichten mit einer anderen Tätigkeit, um meine Tiefs, die meist aus meinen Gedanken entstehen, zu stoppen. So wird abermals der Unterboden von Muscheln befreit. Dabei verletze ich mich am Zeigfinger, ganz nahe am Nagelbett. Ich bemerke erst wieder an Bord, dass ich blute. Ich stecke mir den Finger in den Mund, weil ich mein Blut lieber nicht den Haien schmackhaft mache, die vielleicht bereits meine Fährte aufgenommen haben. Der einzige Fisch, den ich sehe, ist mir unbekannt. Er schwimmt hinter mir her, ist lang, erscheint fast transparent und scheint auch etwas blau und rot unter Wasser zu schimmern. Kurz darauf ist er verschwunden, und im Licht der untergehenden Sonne nehme ich meine längst überfällige ausgiebige Dusche mit fast drei Litern Frischwasser. Ich fühle mich sauber und schön. Es ist ein wunderbarer Moment des Friedens mit mir und dem Ozean.

In meinen Träumen scheine ich das Erlebte zu verarbeiten und kreiere die komischsten Geschichten. Ich bin froh, dass es keine Albträume sind, die mich aus dem Schlaf aufschrecken lassen, sondern nach wie vor der Wecker, der meinen Tag einläutet. Mein morgendliches Murren ist verstummt, ich kann den Wecker als Taktgeber meiner Reise endlich annehmen.

Am Morgen weht nur ein ganz leichtes Lüftchen, und das Meer ist sehr ruhig. Ich habe noch 1.305 Seemeilen vor mir und brauche etwas Motivation. Ich entscheide, bis 1.299 Seemeilen vor Antigua zu rudern oder bis sich irgendwelche Meeresbewohner zeigen. Ich vermute, die 1.300er-Grenze werde ich vor einem Aufeinandertreffen mit Tieren knacken.

Keine zwei Minuten später erhalte ich Besuch von einer Delfinschule. Mein Herz macht einen kleinen Hüpfer. Ich kann nicht genau sagen, wie viele es sind, wohl um die zwanzig. Sie zeigen sich mir in sicherer Distanz von etwa fünfzig Metern, wo sie wie eine Gruppe im Kindergarten wild durcheinanderschwimmen und immer wieder kurz auftauchen. Ein schöner Moment, um die Ruder an Deck zu sichern und den Tag anders zu verbringen, denn der abflauende Wind und die fehlenden Wellen machen es sehr anstrengend, mein schweres Boot fortzubewegen.

Der Vormittag entwickelt sich immer mehr zum Flauten-
tag, und ich erfahre nicht nur von John und Debby, sondern
auch vom Sicherheitsteam, dass sich die Bedingungen im Verlauf der kommenden Nacht und des Tages wieder in die andere Richtung intensivieren werden. Die Wellen werden wieder
auf fünf Meter anwachsen. Ich lese zwischen den Zeilen, dass
alle versuchen, mich zu beruhigen, aber eine kleine Nervosität
und ein ungutes Gefühl beginnen, sich bei mir breitzumachen.
Spüren sie, was in mir abgeht, oder ist dies eine normale Reaktion auf ein Erlebnis, wie ich es mit der Geisterwelle hatte?
Ich bin mir nicht sicher, kann »normal« nicht mehr genau
einordnen.

Was ich ein- und ordnen kann, ist mein Boot. In der vorderen
Kabine herrscht immer noch ein Durcheinander. Miss Universe
treibt so ruhig auf der Meeresoberfläche, dass ich mit gutem
Gefühl den gesamten Inhalt der Kabine auf Deck verteile, kontrolliere, ordne und wieder verstaue. Dabei sortiere ich auch
alle Essensbeutel neu. Frei nach dem Motto »Die Guten ins
Töpfchen, die Schlechten ins Kröpfchen« wandern diejenigen,
die ich nicht essen mag, in die eine Tasche, diejenigen, die mir
schmecken, in eine andere. In der Vorbereitung schmeckten
mir alle mitgebrachten Mahlzeiten, doch auf dem Atlantik hat
sich mein Geschmacksempfinden geändert. Ich kannte dies
aus der Theorie, doch es auch selbst wahrzunehmen, ist spannend. Anfangs aß ich ja sehr wenig, und so habe ich genügend
»gute« Essensrationen für weitere fünfzig Tage. Ganz unten in
einer Tasche finde ich einen platt gedrückten Schoko-Kokos-
nuss-Riegel, den ich sofort mit viel Genuss in meinem Mund
verschwinden lasse. Ich schließe kurz die Augen und genieße

den Moment. Es ist immer der richtige Zeitpunkt für Schokolade, und sie macht einfach jeden Tag zu einem guten Tag.

Die Sonne scheint, und ich spute mich, die Zeit in der vorderen Kabine so kurz wie möglich zu halten. Sie hat sich so aufgeheizt, dass mir der Schweiß in Strömen über Gesicht und Körper läuft. Das Aluminium ist heiß, und ich verbrenne mir mit einer unvorsichtigen Bewegung den Arm. Endlich ist das Material wieder so verstaut, dass auch mein Boot schön ausbalanciert ist und nicht mehr, wie in den vergangenen Tagen, leicht auf die linke Seite hängt. Die strukturierte Arbeit hat mir innere Ruhe gebracht. Ich weiß, dass die vordere Kabine bei einer weiteren Rolle nicht mehr gleich durcheinandergeraten würde. Trotzdem fühle ich mich noch nicht ganz bereit, dem morgigen Tag mit seinen großen Wellen zu begegnen. Ich ersetze die Räder meines Rollsitzes, nehme den Fallschirm des Para-Ankers und seine Leinen auseinander, packe ihn wieder einsatzbereit weg und befestige alles an Deck. Jetzt fühle ich mich bereit. Ich kann das.

Mit viel Mut sitze ich am nächsten Morgen auf meiner Position und halte es gute zwei Stunden aus, bevor mir schwindelig wird. Ich fühle mich sehr unwohl und klettere wieder in die Kabine zurück. Jetzt habe ich gestern so viel Zeit damit verbracht, mich bestmöglich auf die heutige Herausforderung vorzubereiten, und nun mache ich einen Rückzieher. Ich mache die billige Ausrede »Der Wind bläst zu stark aus nördlicher Richtung« geltend. Fast beschämt berichte ich Debby darüber. Sie hat Verständnis für mich und fragt trotzdem: »Ist es möglich zu rudern?« Augenblicklich habe ich ein schlechtes

Gewissen, weil offenbar alle anderen Boote an den Rudern sind – alle außer mir.

Ich bin einfach ein Angsthase. Was habe ich denn überhaupt hier draußen auf dem Atlantik zu suchen? Da, ich tue es schon wieder. Erneut mache ich mich selbst fertig, verurteile mich. Ich gehe mir selbst auf die Nerven und beginne zu weinen. Es fühlt sich an wie ein Computerspiel mit Gefahrenzonen, denen man ausweichen muss. Meine Entscheidung, den restlichen Tag in der Kabine zu verbringen, bringt mich nahe an die Hindernisse Selbstmitleid, Opferhaltung, Selbstzweifel und harsche Selbstverurteilung. Im normalen Leben würde ich jetzt zum Telefon greifen, um im Gespräch etwas Abstand zu meiner selbst fabrizierten Misere zu schaffen. Aber mein Telefon bleibt stumm. Stattdessen entfliehe ich meiner negativen Gedankenspirale und versuche, einem Hörbuch zu folgen. Es passiert, was mir meist bei Hörbüchern passiert: Ich schlafe ein.

Der Tag fühlt sich zeitlos an, ich liege nur da. Ich versuche, diese Tatenlosigkeit aushalten zu können. Es ist nicht einfach. Ich hoffe, keinen zweiten solchen Tag erleben zu müssen. Ich weiß, es war meine Entscheidung, heute nicht zu rudern, und ich fühle mich sicher. Trotzdem tadle ich mich weiter.

»Alle anderen rudern, nur du nicht.«

Ich bin noch nicht wirklich weit gekommen in meinen Bemühungen, mich selbst zu mögen. Kein Wunder, ziehe ich auch immer wieder diese Scheißsituationen an. Wie man in den Wald ruft ... Ich verdrehe schon beim ersten Teil dieses Spruches die Augen. Wann kommen endlich diese oft gepriesenen Passatwinde? Diese stetigen, guten Winde aus Osten, die mich unterstützen? Diese Frage habe ich heute John geschrieben. Er hat mit einem Tränen lachenden Emoji und »Nächstes Jahr«

geantwortet. Es ist klar als Witz gemeint, ich finde ihn nur gerade nicht lustig. Wenn ich nach Südamerika unterwegs wäre, hätte ich heute einen Heidenspaß. Da fahre ich aber leider nicht hin.

Wieder lenke ich mich mit dem Hörbuch ab, während ich meine Hände lange massiere. Immerhin erhält mein geschundener Körper heute eine Pause. Positives Sandkorn wieder einmal gefunden.

Der nordöstliche Wind bleibt mir auch am nächsten Tag erhalten. Der Regen ist weitergezogen, und die Sonne scheint wieder. Es ist ein Prachtwetter, und alles scheint aufgetischt für einen Supertag. Nur die Wellen haben das Memo wieder einmal nicht erhalten. Unaufhörlich rollen sie aus Norden an, was mich zwingt, nur mit einem Ruder zu arbeiten. Sobald ich kurz nicht rudere, folgt mein Boot sofort dem Kurs auf 220 Grad, für meinen Geschmack heute zu südlich. Mein Körper schmerzt, meine Hände schmerzen. Mit der freien Hand ergreife ich meine Kamera, um meine ungefilterte Negativität aufzuzeichnen.

Am Abend fühle ich mich emotional meist wieder ausgeglichen, aber am Tag fressen mir meine Gedanken tiefe Löcher in meine Seele. Oder weisen sie mich auf etwas hin, was ich bisher im Leben erfolgreich ausgeblendet habe? Ich drücke auf den Aufnahmeknopf, und es ergießt sich ein Schwall von Worten in die Kamera, welcher mich in seiner Heftigkeit überrascht. Es ist hier draußen einfacher als zu Hause, gewisse Dinge klar zu sagen.

Alle Facetten der Art und Weise, wie ich mich fertigmache, mir einrede, wie schlecht und unwichtig mein Leben sei, fasse ich in Worte und spreche ich nun aus. Mit jeder Aussage schneide ich mir ins eigene Fleisch, und trotzdem mache ich weiter. Wie lange kann ein Mensch Erniedrigungen und schlimme Zeiten aushalten? Was wird aus meinem Leben, wenn dieses Abenteuer vorüber ist? Werde ich so viel er- und überlebt haben, dass ich gar nicht weiterexistieren muss und mein Herz aufhört zu schlagen? Ich habe heute Nacht versucht, einen Fliegenden Fisch, der an Deck gelandet ist, zu retten. Er ist gestorben. Nicht einmal dazu bin ich fähig. Ich fühle mich klein, hässlich, wertlos. Am liebsten würde ich die Ruder wegschmeißen und mich einfach bis nach Antigua treiben lassen. Aber das würde mich wahnsinnig machen, und am Ende würde ich mich wohl selbst über Bord werfen.

Ich habe das Gefühl, eine gewaltige Welle von angestauter Energie entweicht wie ein Feuerwerk aus meinem Körper. Mit jedem ausgesprochenen Wort verlässt mich ein Teil einer unsichtbaren Last, die sich angestaut hat. Je länger ich spreche, desto mehr Probleme habe ich damit, dass mir die Kamera nicht antworten kann. Mir fehlen reale Gesprächspartner, die mich anschauen, die da sind. Es sind bereits mehr als vierzig Tage vergangen, seit ich zum letzten Mal einem anderen Menschen in die Augen geschaut habe.

Ich werde es überleben, ich werde da wieder rausfinden. Ich weiß, dass ich allein dafür verantwortlich bin. Ich halte die Zügel meines Lebens in den Händen und kann immer entscheiden, wie ich mich fühle. Das hört sich an, wie aus einem der vielen gescheiten Ratgeber kopiert, etwas lächerlich, zu oft gehört und gesagt. Und doch stimmt es, auch das weiß ich.

Trotz der gleichbleibenden Verhältnisse von Wind, Wellen und Wetter bleibe ich dran und rudere den restlichen Tag unentwegt weiter, gebe nicht auf. Der Himmel schenkt mir am Abend eines in vieler Hinsicht strengen Tages einen besonders schönen Sonnenuntergang in den wunderbarsten Farbtönen, und ich bringe auch Randy, meinen Ersatzautopiloten, zum Schweigen. Ich esse in der Stille dankbar zwei Essensportionen und reflektiere nochmals über die vergangenen Stunden. Die heute zurückgelegte Distanz ist zwar nicht so groß, aber ich bin stolz, denn ich habe durchgehalten. Ich bin eine emotionale Person und hier draußen sogar hochemotional, aber ich lasse mich nicht unterkriegen. Ich stehe jeden Tag auf, bereit, mein Bestes zu geben. Dass die schwierigen Dinge auch ihren Raum erhalten, dafür habe ich heute gesorgt, und ich atme tief ein. Ich bin froh, dass auch dieser Tag vorüber ist.

17° 18.28 N, 042° 59.83 W – Dancing Queen

Der Mond ist nicht mehr hell genug, um den Horizont erkennen zu können, und beschert mir etwas mehr Schlaf als in den vergangenen Nächten. Es tut gut, ein bisschen länger liegen zu bleiben. Ich verlange viel von meinem Körper und bin dankbar, dass er bis jetzt so gut mitmacht. Meine abendliche und morgendliche Massageroutine an Händen und Unterarmen zahlt sich aus. Ich beginne meine erste Ruderschicht ohne Schmerzen, die beim Aufwachen noch beinahe lähmend waren. Interessanterweise sind meine Finger am Morgen nun nicht mehr zu Fäusten geballt, sondern alle komplett gestreckt, und die Beugung ist äußerst schmerzhaft.

Der Wind ist schwächer, die Wogen lang gezogen und groß, immer noch aus nordöstlicher Richtung. Die Wasserlandschaft schaut wie eine Ansammlung sanfter Hügel aus, ähnlich dem Taunus, wenn man ihn mit dem Flugzeug überfliegt. Das Vorwärtskommen ist immer noch nicht einfach, aber ich lege mich wieder ins Zeug. Ich möchte bald die 1.200er-Marke knacken.

Ich achte auf regelmäßige Pausen, esse so viel, wie mein Magen zulässt, und schaue oft in den Himmel. Ich erinnere mich, dass ich vor ein paar Jahren traurig war, weil ich durch meine depressive Verstimmung keine Figuren und Formen in den Wolken mehr sehen konnte. Die vielen kleinen Wolkengebilde, die ich heute sehe, nehmen komischerweise alle eine ähnliche Form an. Wenn ich sie in eine Kategorie einteilen müsste, wäre dies wohl die Kategorie Kuscheltiere. Ich sehe knuffige Bärchen, süße Kaninchen und diverse andere kindlich angehauchte Formen. Will mir Mutter Natur mit den Wolken eine Nachricht zukommen lassen? Soll ich mich wie ein Kind verhalten? Wohl kaum. Aber auf eine eigenartige Weise finden diese wolkigen Kuscheltiere in mir eine passende Frequenz, und ich versuche nicht angestrengt, etwas anderes in den wechselnden Formationen zu sehen. Der bisher forcierte Gleichmut kommt heute ganz von allein und verbreitet eine herrliche Ruhe, eine ganz andere Neutralität als noch vor ein oder zwei Wochen. Mir fehlt es an Worten, um dieses neue Gefühl klar fassen zu können. Also fühle ich es die weiteren Stunden, begleitet von leiser Hintergrundmusik. Die Wolken kann ich mit der Zeit in eine weitere Kategorie einteilen: Spielzeuge. Da gibt es Autos, Traktoren, Puppen und Krokodile. Und häufig mischen sich die Kategorien, und ein weiches Bärchen reitet auf einem Dinosaurier.

Der Tag ist ausgesprochen entspannt im Vergleich zu gestern, und so ganz traue ich der Sache noch nicht. Was, wenn morgen alles wieder schlecht ist?

Ich lasse den Gedanken vorüberziehen wie die unzähligen Wolken heute und freue mich, dass ich zum ersten Mal meine ideale Energiezufuhr zu mir genommen habe. Satte 3.600 Kalorien haben es in meinen Magen geschafft. Zufrieden lausche ich, wie Randy im Gegensatz zu mir noch etwas weiterschuftet. Er verursacht einen Riesenlärm, zu dem ich wegen meiner Erschöpfung trotzdem einnicke. Vier Stunden später schalte ich Randy aus und falle sofort in einen tiefen Schlaf.

Die berühmten fünf Minuten Dösen am Morgen wachsen heute auf volle zwei Stunden an, und ich blicke etwas ungläubig auf meinen Wecker. Doch, es ist wirklich wahr, ich habe grandios verschlafen, denn die Sonne ist bereits aufgegangen. Mein Plan, in die 1.100er zu rudern, rückt in weite Ferne. Ich beeile mich mit Frühstück und Morgenroutine und setze mich hastig an die Ruder. Die größere Menge an Essen hat meinen Darm offenbar animiert, schnell zu arbeiten. Ich muss schon bald auf den Eimer und spüre, wie eine große Ladung meinen Körper verlassen will. Just in dem Moment, in dem die etwas flüssige Konsistenz in den Eimer fällt, knackt etwas. Der Eimer kracht unter mir zusammen.

»Ach, du Scheiße!«, entfährt es mir, und ich lache darüber, den wahrhaft treffendsten Ausdruck gefunden zu haben. Schnell bringe ich meinen Lautsprecher, Seesack und Trinkflaschen in der Nähe in Sicherheit und mache mich an die gründliche Reinigung des Decks. Zum Glück habe ich noch etwas Essig übrig, den ich über die gewaschenen Stellen kippe. Es kann nicht sein, dass der Eimer wegen meines zunehmenden Gewichtes zerbrochen ist, denn dieses habe ich ja um doch einige Kilogramm bereits reduziert. Wahrscheinlich hat er sich bei unserer Rolle einen kleinen Sprung zugezogen und konnte dem Druck nicht mehr standhalten. Zum Glück habe ich, wie bei den meisten Utensilien an Bord, einen Ersatzeimer.

Am Morgenhimmel ziehen wiederum spannende Wolken vorbei. Heute sehe ich lauter Menschen und Tiere, die sich auszuruhen scheinen. Das passt wunderbar zur Chillout-Musik, die ich vorhin ausgesucht habe. Ich wünsche mir auch eine lange Pause vom Rudern und frage mich, ob ich die Wolkenfiguren unbewusst aus diesem Grund so wahrnehme. Ich versuche, den gestrigen Rhythmus von Rudern, Pausen und Essen zu wiederholen. Der Wind ist schwächer geworden, und ein weiteres Unterbodenputzen steht an. Eine Familie von winzigen gestreiften Fischen tanzt vor meiner Schwimmbrille umher und leistet mir Gesellschaft. Auch diese Routine wird immer einfacher, und selbst wenn ich weiterhin regelmäßig meine visuelle 360-Grad-Kontrolle vollbringe, so fühle ich mich doch um einiges sicherer und lockerer auf meiner Putzrunde.

Am Nachmittag verspüre ich kurz einen Anflug von Frustration, weil die Wellen herausfordernd bleiben. Ich habe weder das Bedürfnis, das Meer mit Schimpfwörtern einzudecken, noch mich selbst zu bemitleiden. Nach dem gestrigen Tag fange ich diese Frustration bewusst ab und verwandle sie in Kraft, die ich in meine Ruderschläge stecke. Ich pushe mich so auf eine Durchschnittsgeschwindigkeit von fast fünf Stundenkilometern. Ich schaffe es sogar, zu einer Sprintsequenz anzusetzen, und schwitze zum ersten Mal richtigen Work-out-Schweiß. Selten hat etwas so Sinnloses so viel Spaß gemacht. Spaß ist definitiv der einzige Grund, als Soloruderin ein so schweres Boot beinahe im anaeroben Bereich zu bewegen. Es ist aber ein sehr guter Grund. Heute habe ich nicht nur royal verschlafen, nein, auch der WC-Eimer-Zwischenfall hat mich gefordert, und doch ertappe ich mich etliche Male, wie ich beim Rudern lächle. Ich habe wirklich Spaß dabei. Es hat eben nur 43 Tage gedauert.

Ähnlich wie gestern esse ich heute viel, und zum ersten Mal empfinde ich gegen Abend sogar Hunger. Ich freue mich sehr darüber und schlage zu, ohne Kalorien zählen zu müssen. Es gibt immer noch Gründe, warum ich gerade Trübsal blasen könnte. Meine rechte Schulter ist geschwollen, meine Hände sind kurz nach dem Ruderstopp wieder sehr schmerzhaft. Aber ich erreiche heute einen neuen Punkt meiner Überquerung. Den Punkt der simplen Freude und des Glückes.

Der Himmel präsentiert sich entsprechend fantastisch beim Sonnenuntergang, und selbst beim Zähneputzen in der Dunkelheit richte ich den Blick liebevoll in Richtung Milchstraße. Randy hat heute einen freien Abend, und ich schlafe zufrieden in meinen Geburtstag hinein.

Stevie Wonder begleitet mich mit seinem *Happy Birthday* beschwingt beim Frühstück. Ich bezweifle, jemals wieder allein auf See meinen Geburtstag zu feiern. Ich weiß, »Sag niemals nie«, aber die Chancen sind verschwindend gering.

Genauso beschwingt wie Stevie gesungen hat, mache ich mich an die Ruder und genieße den Wind auf meinem Körper, der heute aus südöstlicher Richtung bläst. Zur Feier des Tages kommen nicht nur der Wind, sondern auch die Wellen aus einer Richtung, die passt. Zusammen werden wir heute eine Party feiern.

An meinem Geburtstag nehme ich mir traditionell frei und verbringe ihn in irgendeiner Form zum Teil draußen. Meist heißt das, dass ich nach einem Morgenkaffee mit Kuchen eine Runde im Schnee laufen gehe oder mit meinen Langlaufskiern auf der Loipe dahingleite. So gesehen ist dieser Geburtstag nicht so anders. Nach dem Frühstück ein bisschen Sport. Passt.

Meine Gedanken sind heute frei von Schwere, und das Einzige, was mir wirklich fehlt, ist eine richtig schöne Geburtstagsumarmung. Die Menschen fehlen mir. Ich hege eine ganz kleine Hoffnung. Die Support-Jacht, die hinter der Flotte hersegelt und erst gegen Ende die letzten Boote überholt, wird auch bei mir vorbeikommen. Es sind aktuell nur noch zwei Boote hinter mir. Rational ist mir klar, dass es noch zu früh ist und die Distanz noch zu groß, dass sie mir heute einen Besuch abstattet, aber ich wünsche es mir trotzdem. Ich halte immer wieder nach Segelmasten Ausschau, sehe aber lediglich perfekte Wellen in wunderschönem Meerblau.

Ich fühle mich großartig und springe bei jedem Lied, zu dem ich tanzen möchte, auf und tue genau das. Die Wellen sind heute so lieb, dass ich meine Ruder einfach mitten in der Bewegung loslassen kann, um meine Füße aufs Deck zu stellen und im Rhythmus von C+C Music Factorys *Gonna Make You Sweat* abzurocken. Heute setze ich mir keine Grenzen und lasse mich auch von ABBA zum Tanz bitten. Mit vielen anderen singe ich laut mit und höre mich immer wieder laut lachen. Für einen Moment bin ich nicht sicher, ob ich nun gerade 13 oder 43 geworden bin. Es ist im Prinzip nicht relevant, nicht umsonst spricht man vom inneren Kind, dem man Sorge tragen soll. Ob ich an Land auch so entspannt bin? Ich habe früher immer wieder Anlass zum Fremdschämen geboten und die beinahe bemitleidenden Blicke wahrgenommen. Es ist kein schönes Gefühl, und meine heute gelebte Freiheit könnte vielleicht wieder Anstoß zu solchen Reaktionen sein. Dabei ist es ja nicht mein Problem, wenn sich jemand anderes an mir stört. Sie können jederzeit wegschauen oder weghören. Zum Glück gibt es hier auf dem Boot niemanden, der sich an meinem Rumgehopse und den nicht immer perfekt getroffenen hohen Tönen stört, und so feiere ich neben dem Rudern heute das Leben, wie ich es in Zukunft zu leben gedenke. Frei, ehrlich und mit viel Spaß.

Reginald kommt heute auch dreimal vorbei, und beim abendlichen Gruß proste ich ihm mit meiner Wasserflasche zu. Am liebsten wäre ich jetzt schon auf Antigua und würde einen Drink mit einem kleinen Papierschirmchen drauf genießen. Antigua ist noch über 1.000 Seemeilen weit weg, aber ein Papierschirmchen habe ich in weiser Voraussicht eingepackt. Es steckt in der Trinkflasche und später in meinem Haar. Nach so viel Tanzen und Singen heute nehme ich wieder einmal ein Video auf. Ich mag heute keine Hose anziehen und wickle mir stattdessen eines der schnelltrocknenden Tücher um den Körper. Mein Klettergurt fungiert als Gürtel, und die ganze Sache hält beinahe über die gesamte Dauer von *Dancing Queen*. Statt der Textzeile »young and sweet, only 17« singe ich ein »43« drüber. Es ist ein wunderbarer Abend, und zum Schluss gibt's noch Kuchen. Der kommt aus der Dose, ähnlich einer Sardellendose. Er ist aus Nadines Überraschungspaket. Ich freue mich, denn statt einer Kerze, die im Wind nicht lange brennen würde, liegt dem Karton eine Wunderkerze in Herzform bei. Ein bisschen Musik dazu, und schon habe ich ein Geburtstagskuchenfeeling von 15 Sekunden. Ein magischer Moment, in dem ich gern meine Geburtstagsumarmung hätte. Ich vermisse es, meinen Tag im kleinen, aber feinen Kreis feiern zu können. Jetzt kullert doch noch eine Träne über meine Wange. Sie enthält Moleküle der Traurigkeit, aber auch der Dankbarkeit.

Zwei Tage nach meinem Geburtstag bin ich wieder einmal beim Zahlen schieben. Und das vor dem Frühstück. Wenn ich ab jetzt täglich mehr als vierzig Seemeilen, also 74 Kilometer pro Tag und Nacht vorwärtskomme, dann könnte ich zwischen dem 20. und 22. Februar ankommen. Es ist durchaus möglich, sofern mich nicht ein weiterer Zwischenfall ausbremst. Ich stoppe meine Gedanken über die Liste an Möglichkeiten weiterer Herausforderungen, die mich behindern könnten, und begebe mich zur Vorsonnenaufgangsschicht an Deck.

Es ist ein schöner Morgen, die Wellen sind sanft und doch kräftig genug, um mich zu unterstützen. Ich liebe diese neue Ausgeglichenheit. Es ist ähnlich wie Gleichmut, einfach noch mit einer Prise positiver Emotion dazu. Ein zufriedenes Lächeln liegt auf meinen Lippen, als ich plötzlich das Geräusch von ausgestoßener Luft höre. Augenblicklich schnellt mein Blick in die Richtung, wo ich den Ursprung des Geräusches vermute. Und tatsächlich! Rechts von mir erkenne ich im fahlen Licht der Dämmerung fünf Delfine. Und links von mir schwimmen auch zwei! Ich kann mein Glück kaum fassen. Sie begleiten mich ein paar Minuten, und ich wage es nicht, den Rhythmus meiner Ruderschläge zu unterbrechen. Zusammen bewegen wir uns im Wasser. Es scheint fast, als würden die Delfine mir sagen: »Jetzt gehörst du dazu.«

Es stimmt, ich wohne nun seit einigen Wochen auf dem Wasser und fühle mich als willkommene Neuzugezogene, auch wenn ich weiß, dass ich mich nur als Gast in einem fremden Lebensraum bewege.

Es wird nun jeden Tag wärmer, und heute ist es besonders drückend. Ich habe mich leicht verbrannt, weil ich vergessen habe, eine Stelle am rechten Schulterblatt mit meinem super Sonnenschutz einzusprühen. Der Klassiker halt. Gegen die angestaute Hitze kann aber auch kein Sonnenschutz helfen, und es bilden sich immer mehr Pusteln, ein Zeichen einer leichten Sonnenallergie. Ich werde die nächsten Tage mein Langarmshirt tragen müssen, falls keine Wolken aufziehen.

Heute steht ein großer Moment an, der alles in den Schatten stellen wird. Bald ist es so weit: Ich nähere mich der 1.000er-Marke. Bei 1.000,5 denke ich kurz darüber nach, was ich während der letzten 1.000 Seemeilen alles erlebt und durchgemacht habe. Plötzlich kommt eine Welle voll Emotionen hoch, die ich nicht ganz ordnen kann. Jetzt wechselt die Digitalanzeige auf dem kleinen Bildschirm neben der Kabinentür von 1.000,0 auf 999,9. Ich spüre eine wohlige Entspanntheit und nehme kurz entschlossen ein kleines Video auf. Ich schaffe es nicht, nur Freude auszudrücken, die Emotionen blubbern wieder an die Oberfläche, und ich erwähne trotzdem, wie äußerst hart dieses Unterfangen ist. Jetzt wird es schnell gehen, davon bin ich überzeugt. Nur noch eine dreistellige Zahl an Seemeilen bis nach Antigua.

Ich sehe eine entfernte Parallele zwischen einem 100-Meilen-Lauf und meiner doch um einiges längeren Distanz auf See. Bei 75 Meilen eines 100-Meilen-Laufs weiß ich, dass ich noch nicht am Ziel bin und noch viel passieren kann. Aber manchmal weiß ich dann, dass ich es heute in mir habe, die ganze Distanz zu laufen. So fühle ich mich gerade, auch wenn das mit den Zahlen nicht ganz stimmt, was ich großzügig ausblende.

17° 27.09 N, 049° 4.76 W – Kräftemessen

Unterdessen steigt die Temperatur tagsüber so stark an, dass ich Mühe habe, meine Essensportionen in der sengenden Sonne einzunehmen. Vor allem an den etwas windstilleren Tagen muss ich mich regelrecht dazu zwingen. Die letzten paar Tage habe ich wieder den Mond nutzen können und stehe jeweils kurz nach drei Uhr morgens auf. Entsprechend früh, um halb zehn, esse ich auch schon mein Mittagessen, denn dann wirft die hintere Kabine noch ungefähr zwanzig Minuten lang ein kleines Fleckchen Schatten aufs Deck. Die Winde sind heute wieder einmal besonders schwach, und ich frage mich, ob ich die ersehnten Passatwinde irgendwann mal doch so richtig werde genießen und nützen können oder ob sie wirklich erst nächstes Jahr wieder wehen. Die Konditionen heute sind wie angerichtet, um wie schon so oft die Ausfahrt in Richtung Negativspirale zu erwägen. Vielleicht ist es die stetig kleiner werdende dreistellige Zahl, die mir von der Anzeige aus entgegenzwinkert, die mich am Ball bleiben und diese negativ gerichtete Ausfahrt vorbeiziehen lässt.

Pro Stunde schaffe ich es, beinahe lächerliche zwei Seemeilen zu rudern, doch ich gebe mich der Aufgabe hin und finde so einen langsameren, aber stetigen Rhythmus. Um zwanzig Uhr trage ich wie jeden Tag meine Koordinaten auf der Karte ein und freue mich über die zurückgelegte Distanz heute genauso fest wie über die Tatsache, dass ich kein einziges Mal frustriert war.

Auch heute beginnt der Tag gut, und ich ziehe die Ruder ruhig durch die Wellen. Obschon ein guter Wind bläst, bewege ich mich recht langsam vorwärts. Ob ich wohl in eine Gegen-strömung geraten bin? Die können das Weiterkommen extrem verlangsamen, auch wenn die Konditionen ansonsten gut sind. Ich freue mich über eine weitere Stippvisite eines Wales, der sich zweimal kurz über der Oberfläche zeigt. Wie gern hätte ich seine Kraft zum Vorwärtskommen!

Ich nutze meine Nachmittagspause gegen 14:30 Uhr, um mich mit dem Sicherheitsteam auszutauschen und gleichzeitig zu fragen, ob andere Boote auch mit lokalen Strömungen zu kämpfen haben. Mir ist bewusst, dass sich das nächste Boot gute 150 Kilometer von mir entfernt befindet. Trotzdem würde ich mich weniger mies fühlen, wenn ich wüsste, dass ich nicht als Einzige mit den Kapriolen des Meeres zu kämpfen habe. Leider kann mir das Sicherheitsteam diesbezüglich nicht hel-fen, freut sich aber umso mehr darüber, dass es mir gut geht und ich positiv gestimmt bin.

Und dann wird in einem kurzen Text noch auf meine klei-nen Tanzeinlagen, die Roberto, mein Medienengel, für mich veröffentlicht, eingegangen. Es gebe viele positive Stimmen, aber eben auch einige kritische, die fragten, ob ich denn wohl nicht schneller auf Antigua wäre, wenn ich nicht dauernd tan-zen würde. Zudem sehe es unecht und angeberisch aus. Ein paar ehemalige Ruderer ließen vernehmen, sie empfänden mein Tan-zen als Abwertung ihrer Leistung, welche unter viel härteren Bedingungen geleistet worden sei.

Ich muss die wenigen Zeilen nochmals lesen, und jetzt tan-zen die Buchstaben vor meinen Augen. Ich bin getroffen, und mir schießen die Tränen in die Augen. Dass ich ohne zu tanzen schneller auf Antigua wäre, bezweifle ich, denn das Lockern meiner Muskulatur und die Freude, die ich dabei empfinde, wirken eher wie eine Motivationsspritze. Niemand außer mir selbst kennt die aktuellen Wetter- und Windbedingungen, und neben einer Handvoll Leute kennt bis jetzt auch niemand das Verhalten meines Bootstyps auf dem Wasser. Wie kommt jemand darauf, dass ich mit meinem Tanzen ihre Leistung schmälere oder schlechtmache?

Mich auf Social-Media-Portalen zu zeigen, ist immer noch ein Lernprozess, und heute scheint die Zeit für einen weiteren Lernmoment gekommen zu sein. Die hässliche Fratze der digitalen Be- und Verurteilung zeigt sich mir zwar indirekt, denn ich sehe die Kommentare ja nicht, aber sie schaut mir trotzdem direkt ins Gesicht. Die Verantwortung dieser Reaktionen liegt aber nicht bei mir, egal wie anders oder »komisch« ich in den Augen anderer auch sein mag.

»Heute ist ein neuer Tag«, stimme ich mich am nächsten Morgen mein Mantra wiederholend positiv ein. Ich bin noch vor dem Wecker wach und sitze bereits um halb vier im lauen Morgenwind auf Deck. Mein Blick gleitet immer wieder in den Sternenhimmel, welcher der sich nähernden Dämmerung trotzt.

Aber – was ist denn das? Ich sehe eine gerade Linie von Lichtpunkten, ähnlich wie eine Lichtgirlande oder Lichtperlenkette. Und sie bewegt sich! Ich kneife mich in die Wangen und reibe mir die Augen. Tatsächlich ziehen dreißig Lichter von rechts nach links über mir vorüber. Sie tauchen aus dem Nichts auf und verschwinden auch wieder genauso spektakulär. Ich glaube nicht an Ufos und bezweifle, dass hier draußen auf dem Atlantik eine Militärübung abgehalten wird. Ein paar Tage später erfahre ich, dass es sich um Starlink-Satelliten gehandelt hat, eine Reihe von Satelliten, die am nächtlichen Himmel wie eine leuchtende Perlenkette wirken.

Reginald kommt am Vormittag zweimal vorbei, und am Nachmittag entdecke ich plötzlich weit über mir einen weiteren Vogel. Er ist um einiges größer als Reggie, die Sturmschwalbe. Ich erkenne einen roten Fleck am Hals des sonst gänzlich schwarzen grazilen Vogels. Ich freue mich über den Besuch eines weiteren Tieres und schaue immer wieder zu ihm auf. Er scheint mich auch gesehen zu haben, denn er ist immer noch in meinem Blickfeld. Und plötzlich klatscht etwas aus der Luft auf mein Boot. Eine weißliche Masse ist über die Solarpaneele meiner hinteren Kabine, über die digitalen Anzeigen, das Deck und meine Schuhe verteilt.

Das gibt es doch nicht!

Der Atlantik ist riesengroß, mein Boot im Vergleich winzig klein, und dieser Vogel hat es tatsächlich geschafft, mir direkt aufs Boot zu scheißen! Ungläubig schaue ich auf die Spuren seiner Treffsicherheit, schüttle lachend den Kopf und mache mich sofort daran, die wohl säuerliche Sache wegzuputzen. Es kommt auch nach 55 Tagen auf See keine Langeweile auf.

Nach einigen ruhigeren Tagen wird es nun zunehmend anstrengender. Die Winde frischen auf, und die Wellen sind ähnlich wie am allerersten Tag. Sie rollen von links und rechts auf mich zu. Zum Auftakt beschenkt mich der Ozean mit einer kurzen Überraschung, als nach drei Minuten Rudern in der Ferne ein großer Wal aus dem Wasser schießt und sich mit einem großen Klatschen wieder auf die Wasseroberfläche fallen lässt. Es sind genau diese Augenblicke, für die sich alle noch so mühsamen Strapazen lohnen. Kein Video, kein Foto,

keine Beschreibung wird jemals die Essenz des Moments wider-
spiegeln können. Trotzdem freue ich mich darüber, dass meine
Kamera die Szene auch dieses Mal, wie schon bei meiner Rolle,
aufgenommen hat.

Ich versuche, meine aufkeimende Unruhe mit lauter Musik
zu verdrängen. Ich will unbedingt vermeiden, dass ein drittes
Ruder bricht. Konzentriert achte ich auf jede Welle, und der
Morgen vergeht ohne große Zwischenfälle. Ich bin etwas ruhiger und traue mich gegen Mittag auch, auf meinem schaukelnden Boot Essen zuzubereiten. Ich bin zehn Sekunden lang auf
meinen Wasserkocher fixiert und merke nicht, dass sich eine
große Welle in einem ungünstigen Winkel nähert. Bevor ich
sie realisiere, drückt sie Miss Universe inklusive mir siebzig
Grad nach rechts in eine Schräglage, und ich kann gerade noch
dem heißen Wasser aus dem Wasserkocher ausweichen und
den Beutel mit meiner Essensration festhalten. Augenblicklich
schnellt mein Puls in die Höhe. Ich fühle, wie ich mich wieder
in die Situation meiner 360-Grad-Rolle versetze.

Ich atme tief ein und aus. Ganz langsam und bestimmt beginne ich von Neuem, Wasser zu kochen und mein Essen zuzubereiten. Es gelingt mir, und Stolz verdrängt die Anspannung
in meinem Brustkorb. Auch wenn ich dieses Erlebnis definitiv
noch nicht auf allen Ebenen verarbeitet habe, ich bin fähig,
meine Mitte schnell wiederzufinden und zurück in meinen
Rhythmus zu kommen. Trotzdem bin ich plötzlich unglaublich
müde und entscheide mich für ein dreißigminütiges Mittags-
schläfchen im Schutz meiner Kabine.

Bereits nach zwanzig Minuten werde ich von einem lauten Piepton aus dem Schlaf gerissen. Sofort weiß ich, dass
dies mein AIS ist, das Automatische Identifikationssystem. Es

meldet sich nur, wenn sich ein anderes Boot auf Kollisionskurs zu meinem Boot befindet. Ich reiße die Augen auf und versuche auf dem Bildschirm des Plotters in der Kabine herauszufinden, wie weit das andere Boot entfernt ist, mit welcher Geschwindigkeit es sich mir nähert und wie groß es ist. Es handelt sich um eine Segeljacht, die nicht allzu schnell unterwegs, aber trotzdem nur noch knapp drei Kilometer entfernt ist.

Ich greife zu meinem Funkgerät und melde mich regelkonform beim anderen Boot. Nichts passiert. Mein Puls ist wieder auf Alarmstufe Orange, und ich wiederhole den Vorgang. Das Funkgerät bleibt still, ich erhalte keine Antwort. Schnell ziehe ich meinen Sicherheitsgurt fest und krieche an Deck, um zu schauen, ob ich bereits Sichtkontakt mit dem Segelboot habe. Ich sehe in der Ferne einen Mast, die Wellen sind aber zu hoch, sodass ich nicht mit einem Spiegel auf mich aufmerksam machen kann. Außerdem scheint die Sonne aufgrund der relativ dichten Bewölkung nicht besonders stark.

Welche Optionen habe ich? Schnell gehe ich die verschiedenen Lösungsansätze durch und bereite im Kopf einen Schritt-für-Schritt-Plan vor. Falls etwas Schlimmes passieren sollte, wäre es wohl ideal, wenn das Sicherheitsteam von meiner Situation Kenntnis hätte. Ich hole also das Satellitentelefon heraus, das ich für genau solche Notfälle weggelegt habe, um die Batteriedauer noch etwas zu erhalten. Ich wähle die Nummer des Teams, doch das Telefon verbindet sich nicht. Entweder ist gerade kein Satellit in Reichweite, oder das Telefon hat mehr als nur ein Batterieproblem. Um keine wertvolle Zeit zu verlieren, reiße ich das BGAN aus der Kabine und sende eine kurze Textnachricht. Die Nachricht hat zwei Häkchen, ist also zugestellt, aber sie wird nicht angeschaut, und ich erhalte auch keine Rückmeldung. Ein erneuter Versuch mit dem Satellitentelefon bleibt erfolglos.

Ich bin ganz allein hier draußen.

Mein Herz hämmert in meiner Brust, doch meine Hände sind ruhig, und ich kann ganz klar denken. Ich komme noch dazu, die Schwimmweste anzuziehen und den Notseesack bereitzustellen, bevor ich aus meiner Kabine ein krächzendes »Hallo, hallo, können Sie mich hören?« vernehme. Ich greife zum Funkgerät und identifiziere mich. Es ist die Segeljacht eines italienischen Pärchens, deren Geräte, wie sie mir sagen, nicht immer funktionieren. Ich blicke in ihre Richtung, sie sind nun noch knapp zweihundert Meter von mir entfernt, und sehe, dass sie bereits den Kurs geändert haben.

»Wir wollten nur kurz vorbeikommen und sehen, ob Sie Hilfe brauchen.«

Leicht verärgert danke ich ihnen und bitte sie, sich beim nächsten Mal vorab anzukündigen, bevor sie sich ohne klaren Sichtkontakt auf Kollisionskurs einem Boot nähern.

»Okay«, ist das Letzte, was ich von ihnen höre. Sie drehen ab, und ich verstaue Schwimmweste und Notseesack wieder in meiner Kabine.

Ich weiß, dass sich die Winde wieder etwas beruhigen werden, aber jetzt, am Morgen des vierten Tages des aktuellen Wettersystems, schreien sie mich so laut an, dass ich nicht einmal mehr Musik aus dem Lautsprecher ertrage. Es nähert sich mir die nächste Regenwolke, die wie ein Pilz aussieht. Es ist heute die fünfte, und ich freue mich nicht mehr so, abermals nass zu werden. Das Wasser ist zwar nicht salzhaltig, aber es ist eben frisch, also kalt. Diese Regenpilze bringen jeweils unterschiedlich starke

Winde mit sich, die nichts mit der allgemeinen Windrichtung zu tun haben. Man kann sich das in etwa vorstellen wie eine Windhose, in deren Auge, im Zentrum, praktisch Windstille herrscht. Sobald man wieder aus dem Zentrum herauskommt, drückt der Wind das Boot für einen Moment wieder in eine Richtung, bevor auch der Regen wieder aufhört und das Tageswetter wieder das Diktat übernimmt. Manchmal schaffe ich es, die starken Winde der Regenwolke so zu nutzen, dass ich mir etwas wie eine richtige Hochseeabenteurerin vorkomme. Mit voller Kraft rudere ich, was das Zeug hält, und blicke kurz darauf stolz auf den wunderschönen Regenbogen, den die Regenwolke wie eine Belohnung hinterlässt.

Regenwolke Nummer sechs ist dann eine Nummer zu groß, und ihre Winde spielen mit meinem Boot, als wäre es ein kleines Spielzeugschiffchen. Mein frustrierter Schrei geht im Geheul des Windes unter. Ich merke, dass ich heute bis jetzt kaum etwas gegessen oder getrunken habe. Kein Wunder, dass ich frustriert bin und mich temporär wie eine Versagerin fühle. Ich mag es nicht, wenn ich so weinerlich bin und mich beklage. Zwar hört mich gerade niemand außer mir selbst, doch tut es trotzdem gut, alles rauszulassen. Die Kräfte sind unglaublich heftig hier draußen, und doch habe ich mich immer noch nicht daran gewöhnt, wie stark ich auf alle Impulse reagiere.

Ich lasse mich treiben, bis der Regen nachlässt, mache mir etwas zu essen, und plötzlich, wie auf Knopfdruck, sind meine Versagergedanken weg, der Wind bläst, und die Wellen kommen aus bester Richtung. Mit viel Elan lege ich nochmals alles in die Ruder und pushe mich zu einer persönlichen Glanzleistung von knapp zwanzig Kilometern in vier Stunden. Jetzt sind es noch 552 Seemeilen bis Antigua.

Leichte Sorgen machen mir meine Hände, mit denen ich ohne starke Schmerzen kaum etwas anständig greifen kann. Zudem lösen sich an sechs Fingern die Nägel langsam vom Nagelbett. Auch die Haut an meinem Hintern sieht wund aus und fühlt sich auch so an. Eine Schmerztablette, Handmassage sowie die sorgfältige Wundversorgung stehen heute auf dem Abendprogramm. Und weil ich mich für die letzten paar anstrengenden Tage belohnen möchte, schummle ich mit den Sacktüten und krame aus der morgigen als Dessert den Clif-Bar-Riegel mit Schokostückchen hervor.

16° 49.98 N, 055° 43.38 W – Umwege

Ich habe noch insgesamt fünf Clif Bars, die ich von nun an als süße Belohnung genießen werde. Ich weiß, dass ich jeden Tag näher am Ziel bin, aber so richtig glauben kann ich es immer noch nicht. An zu vielen Tagen kann noch Neues, Unerwartetes passieren. Das Wetter wird immer tropischer, die Tage sind heiß, und der Morgen beginnt meist mit einem Regenschauer. Die positive Seite dieser regelmäßigen Naturduschen ist, dass sie nicht salzig sind. Ich bin motiviert, rudere lange und investiere viel Kraft. An einem Abend schlafe ich beim Sprechen mit der laufenden Kamera ein. Ist auch kein Wunder, die Videokamera sagt ja nie was. Wie schön wäre es, wenn sie es täte!

Noch 484 Seemeilen, dann 438, und bei noch 404 verbleibenden Seemeilen macht Randy, mein Autopilot, plötzlich ein sehr lautes, mir unbekanntes Geräusch, das sich nicht gesund anhört. Sofort betätige ich den Stand-by-Knopf, um ihm eine Pause zu gönnen, und ergreife die Steuerseile. Mit etwas Geduld finde ich die richtige Einstellung des Ruders auch manuell und beende meinen Tag bei 399,8 Seemeilen. Jetzt schaue ich mir den Patienten Randy etwas genauer an. Vielleicht kann ich ihn ja wieder funktionstüchtig machen.

Mit viel Hingabe öffne ich nicht nur Randy, sondern auch seinen Vorgänger Rudy und färbe mir dabei meine Hände schwarz ein. Die viele Arbeit muss bei beiden den Metallabrieb auf ein Höchstmaß getrieben haben, welcher sich nun unter meinen Fingernägeln festsetzt. Ich reinige die kleinen Steckschalter und öle den Kolben leicht ein. Plötzlich fällt der aus seiner internen Halterung. Ich brauche einen winzig kleinen Sechskantschlüssel, um ihn wieder zu fixieren. Ich weiß, dass ich eine Sammlung ganz kleiner Größen in meiner Werkzeugkiste dabeihabe, und hole motiviert das Set aus der vorderen Kabine. Es würde sich also doch bezahlt machen, dass ich so viel Werkzeug eingepackt habe! Mein Handwerkerinnen-Optimismus löst sich schnell in Luft auf, denn die Vier-Millimeter-Variante ist immer noch viel zu groß. Mit einem müden Seufzer akzeptiere ich die unausweichliche Tatsache: Meine beiden Autopiloten sind definitiv außer Gefecht, und von nun an werde ich die Steuerung über die Steuerseile von Hand übernehmen. Das wird schon funktionieren, ich habe mich auch darin in der Vorbereitung geübt. Dass ich hier auf dem Meer andere Bedingungen als in der Vorbereitung habe, blende ich aus.

In den ersten Stunden mit den Steuerseilen zahle ich Lehrgeld. Ich habe das Gefühl, als würde mich die Meerlandschaft heute anzischen. Sie ist mir irgendwie nicht freundlich gesinnt. Ich habe Mühe, den Kurs zu halten, immer wieder übersteuere ich und beginne von Neuem.

Vielleicht wird es etwas einfacher, wenn ich das Boot stabiler mache. Ich entscheide mich deshalb, die Verlängerung meines Kielschwertes anzubringen. Dafür löse ich erst die vordere Ruderposition, die ich nie nutze, aus ihrer Halterung. Dann kopple ich den Schlauch, der die Entsalzungsmaschine speist, ab und entferne die Schrauben des Kielschwerts, um es an Bord ziehen zu können. In den Ritzen sitzen kleine, intensiv riechende Muscheln, die ich zum Teil mit dem Schraubenzieher entferne. Der Platz auf Deck ist limitiert, und es benötigt einige akrobatische Fähigkeiten und Balance meinerseits, die Verlängerung mit den richtigen Schrauben zu fixieren und das Kielschwert wieder ins Wasser zu lassen. Die ganze Aktion dauert fast eine halbe Stunde, und ich hoffe, die investierte Zeit lohnt sich und lässt mich besser vorwärtskommen.

Erst merke ich keinen Unterschied, und es bleibt anstrengend. Die Wellen peitschen immer wieder an meine Seite, und ich bin erstaunt, dass ich sie anschaue, als möchte mein Blick sagen: »Na und?« Ihre Größe beeindruckt mich nicht mehr im Geringsten. Kann es sein, dass ich mich doch noch an das Leben auf See gewöhne? Auch die Ankündigung, dass die Winde schwächer werden sollen und eine Strömung mein Vorwärtskommen verlangsamen könnte, lässt mich neutral bleiben. Nein, lustig und gut finde ich diese Info natürlich nicht, aber es ist Wetter. Und das kann ich nun mal nicht ändern.

Dank der anhaltenden Regenwolken nimmt der Wind wieder Fahrt auf, und durch den nächsten Regenpilz rudere und steuere ich mich erfolgreich hindurch, den Kurs nach Westen stets haltend. Es ist fast ein triumphales Gefühl, und ich bin für den restlichen Tag nicht nur guten Mutes, sondern auch stolz, dass ich mich so gut an die neuen Steuerbedingungen gewöhnt habe. Kurz vor dem Schlafengehen kontrolliere ich ein sechstes Mal, ob Miss Universe immer noch auf Kurs driftet, und freue mich, dass die Anzeige der Breitengrade, aktuell bei 16°52, ganz langsam zunimmt und ich offenbar nicht nur nach Westen, sondern ganz sachte sogar etwas nach Norden unterwegs bin. Antigua liegt bei 17 Grad, also noch etwa 15 Kilometer nördlicher als meine aktuelle Position. Eine lösbare Aufgabe. Beruhigt widme ich mich meiner Abendroutine in der Kabine.

Den Ton werde ich wohl nie mögen, aber immerhin scheine ich mich an die penetrante Art des Weckers mitten in der Nacht gewöhnt zu haben. Auch heute entfährt mir kein Murren. Ich beginne mit der Morgenroutine und werfe einen Blick auf den Plotter, um zu schauen, wo ich mich befinde, in der Hoffnung, im Schlaf wieder grandios viele gratis Seemeilen in Richtung Ziel zurückgelegt zu haben.

Moment mal, das kann doch nicht sein!

Ich reibe meine Augen.

Doch, bei den Breitengraden – gestern vor dem Einschlafen noch bei 16°52 – steht 16°32! Das heißt, ich bin ganze 37 Kilometer in den Süden getrieben worden!

Das ist nicht gut.

Gar nicht gut!

Jetzt entfährt mir doch noch ein Murren. Ich muss nun gut fünfzig Kilometer wieder Richtung Norden rudern, auf einer Restdistanz von 346 Seemeilen, also noch 640 Kilometern. Das wird anstrengend! Ist aber bestimmt machbar!

Entschlossen bereite ich mein Frühstück zu und lade die Textnachrichten herunter. Mein Telefon veranstaltet beinahe ein Konzert, so viele Nachrichten treffen ein. Debby informiert mich alle vier Stunden über meine Durchschnittsgeschwindigkeit und den Kurs. Letzte Nacht waren dies 202, 203 und zum Schluss 206 Grad. Das heißt, ich bin bereits kurz nach der letzten Kontrolle vom Kurs abgekommen, ohne es zu bemerken. Debby macht keine wertende Bemerkung, sondern bestätigt, was auch ich während der Nacht wahrgenommen habe. Es war eine der unangenehmeren Nächte seit Beginn der Überquerung. Ich bin dreimal kurz aufgewacht, weil sich Miss Universe jeweils kurz um neunzig Grad nach links gelehnt hat und ich an den Kabinenrand rollte. Ich fühle mich immer noch so sicher in meiner Kabine, dass ich auch sofort wieder sorgenfrei eingeschlafen bin. Es sind ja nur Wellen.

Weitere Textnachrichten kommen vom Sicherheitsteam. Ihnen ist nicht ganz wohl dabei, dass ich mich so weit südlich befinde, und sie raten mir, meinen Treibanker, den »Fallschirm unter Wasser«, auszuwerfen, damit ich wieder in den Norden rudern kann, sobald ich wieder fit bin. Bis jetzt war ich sehr ruhig, aber dass es dem Sicherheitsteam nicht wohl ist bei meiner Position, lässt mich zweifeln. Rede ich mir meine Möglichkeiten schön? Ist es am Ende doch schwieriger, als ich glaube? Ich werde es erst herausfinden, wenn ich mich nach draußen begebe und mich an die Arbeit mache.

Es wird ein Tag voller Emotionen. Ich verstehe nicht, warum sich das Meer heute so unglaublich hart anfühlt. Ich pflüge durch flüssigen Beton, komme nur mühsam vorwärts und frage mich, warum ich trotz der Winde gefühlt fast stehen bleibe. Ich mache eine kurze Pause, um mich zu stärken, und verliere unglaublich schnell wieder an Boden.

Was ist denn los? Ist die Verlängerung des Kiels vielleicht mitverantwortlich für dieses mühsame Vorwärtskommen? Konzentriert, kontrolliert und doch erstaunlich schnell entferne ich die Verlängerung und fixiere den Schlauch für die Wasserzufuhr wieder an der Öffnung zum Bootsinneren in Richtung Entsalzungsmaschine.

Am Abend bin ich nudelfertig und habe insgesamt acht von zwanzig Seemeilen wieder gutgemacht. Ich lasse den Para-Anker ins Wasser gleiten, damit er mich über Nacht an Ort und Stelle hält.

Die körperliche Anstrengung schlägt sich auch auf die Psyche nieder. Ich bin weinerlich und kurz unsicher, ob ich es schaffen werde. Meine Schwester schickt mir eine Sprachnachricht, und der Tonfall ihrer Stimme wirkt unglaublich beruhigend. Augenblicklich fühle ich mich umarmt. Sie schafft es, mir mit einer Prise Logik aufzuzeigen, dass ich mit jeder verlorenen Seemeile einfach wieder eine rudern und dann noch einen Zentimeter anhängen soll. Irgendwann komme ich so auf Antigua an. Schritt für Schritt, Zentimeter für Zentimeter. Ich nehme mir dies zu Herzen. Auch Debby hat aufmunternde Worte für mich, und das Sicherheitsteam schickt mir ein Zitat aus einer Rede von Theodore Roosevelt, die er 1910 in Paris gehalten hat:

»Nicht der Kritiker zählt; nicht derjenige, der darauf aufmerksam macht, wie der Starke fällt oder wo der, der anpackt, es besser hätte machen können. Die Anerkennung gebührt dem, der tatsächlich in der Arena steht, dessen Gesicht staubig und verschwitzt und voller Blut ist; der sich wacker bemüht; der sich irrt, der wieder und wieder scheitert, weil es kein Bemühen ohne Fehler und Schwächen gibt; aber der sich tatsächlich bemüht, Taten zu vollbringen; der großartige Begeisterung, großartige Hingabe kennt; der seine Kraft auf eine ehrenwerte Sache verwendet; der im besten Falle am Ende den Triumph einer großen Leistung kennt und der, im schlimmsten Falle, sollte er scheitern, zumindest bei einem kühnen Versuch scheitert, sodass sein Platz nie bei den kalten und furchtsamen Seelen ist, die weder Sieg noch Niederlage kennen.«

Meine Arena ist der Atlantik, ich bin eher salzig als staubig, und Blut klebt lediglich an meinen Knien, die ich mir immer wieder an den Rudern, diversen Ecken und Kanten anschlage. Ich bin berührt, und trotz der beinahe unerträglichen Müdigkeit, den schmerzenden Händen und Körper schöpfe ich wieder Mut, um die nächsten Meilen in Richtung Norden am kommenden Tag in Angriff zu nehmen. Die Nachrichten vom Land sind die kleinen Aufmerksamkeiten, die ich gebraucht habe – sie ersetzen einen Blick oder ein Schulterklopfen, beides Dinge, die ich im Moment nicht genießen kann und die mir so fehlen.

Kurz nach Sonnenuntergang schalte ich den Wasserentsalzer an, um für morgen ausreichend Trinkwasser zur Verfügung zu haben. Im Moment habe ich noch knapp vier Liter, zu wenig für einen weiteren Tag. Die Entsalzungsmaschine macht den bekannten Lärm, aber es kommt kein Wasser aus dem kleinen hellblauen Schlauch. Ich erinnere mich, dass ich gestern beim Einsetzen der Kielschwertverlängerung den Wasserzufuhrschlauch abgekoppelt habe. Beim erneuten Anschließen heute haben sich Luftblasen festgesetzt, die ich nun entfernen muss. Dafür öffne ich immer wieder den Lüftungshebel am Entsalzer. Es tritt reichlich Luft aus. Trotzdem kann ich kein Trinkwasser gewinnen. Nach 15 Minuten gebe ich auf. Die Gebrauchsanleitung sagt, dass Luft in der Innenmembran nach einer Viertelstunde entwichen sei. Vielleicht liegt das Problem woanders. Ich werde mich morgen darum kümmern. Es ist schon dunkel, und ich bin hundemüde. Trotzdem informiere ich noch schnell das Sicherheitsteam über meinen aktuellen Trinkwasserstand. Sie empfehlen mir, morgen die Notwasserration anzuzapfen, bis ich etwas weiter nördlich sei, um den Entsalzer erst dann wieder zum Laufen zu bringen. Die Notwasserration ist gleichzeitig Ballastwasser und im untersten Bereich des Bootes in Halbliterflaschen gelagert, um die Stabilität zu erhöhen. Immer wenn ich eine Flasche leer getrunken hätte, müsste ich sie wieder mit Meerwasser füllen, um die verlorene Menge wieder auszugleichen. Es beruhigt mich, dass ich Zugang zu dieser Notration habe, aber ich beschließe, mich am Morgen zuerst nochmals dem Wasserentsalzer zu widmen. Ich traue es mir zu, nicht genau hinzuschauen und plötzlich einen kräftigen Schluck aus einer Salzwasserflasche zu nehmen. Dieses Erlebnis möchte ich mir ersparen.

Ich kann nicht einschlafen, denn diese Wasserentsalzungssache beschäftigt mich. Mein Ausflug in den Süden hat mich wieder etwas aus der Mitte gehoben, und Unruhe hat sich in meinem Innern breitgemacht. Nun suche ich mit meinem Kopf nach Dingen, die ich kontrollieren kann. Wenn ich im Außen die Kontrolle behalte, dann ist das auch im Innern so, rede ich mir ein. Natürlich mache ich mir tüchtig etwas vor, und eine kleine Stimme in mir spricht dies auch leise aus. Kontrolle ist eine Illusion, die mich auf Umwegen hält.

Trotzdem krieche ich nochmals mit der Stirnlampe an Deck, fixiere die Halterung des Zugangsschlauchs erneut und lasse die Maschine zwanzig Minuten lang arbeiten. Es kommt immer noch viel Luft aus dem Ventil. Ich will schon aufgeben, da höre ich das bekannte leise Plätschern des feinen Trinkwasserstrahls aus dem hellblauen schmalen Schlauch. Ich freue mich wie ein kleines Kind und fülle die großen Kanister bis zum Rand. Der Schlaf kommt nun schnell, und ich träume wirre Dinge.

Mitten in der Nacht wache ich auf, denn ich werde nass gespritzt. Durch den leicht geöffneten Lüftungsschacht ist ein Schwall Salzwasser eingetreten, und mein Matratzenschutz ist vollgesogen. Schnell versuche ich, das gröbste Wasser aus dem Stoff herauszudrehen, und stoße dann den nasskalten Bezug in die entfernteste Ecke der Kabine. Die Müdigkeit übermannt mich schnell wieder, und trotz klebriger Liegefläche drifte ich wieder in die Traumwelt ab.

Jetzt bin ich im Zug in der Schweiz, und ich muss an der nächsten Station raus. Aber der Zug hält nicht, und ich werde informiert, dass der Zug im Januar nicht in dieser Ortschaft hält. Im Traum bin ich unglaublich gestresst, denn es ist eiskalt draußen, und die acht Kilometer zu Fuß zurück sind weit. Ich wache auf und finde mich in der feuchten Kabine wieder. Der Stress ist immer noch akut.

Ein Blick auf den Plotter lässt mich abermals die Augen reiben. Mit dem Treibanker hätte ich doch mehr oder weniger an Ort und Stelle bleiben sollen! Was ich nun sehe, lässt mich beinahe lachen. Ich bin zwar leicht in den Norden getrieben worden, aber vor allem bin ich nun wieder östlicher als gestern Abend. Da war bestimmt nicht der Wind im Spiel, und ich beginne zu vermuten, dass ich zum Spielball einer fiesen Strömung geworden bin.

Ich frage John via Text, ob er etwas sieht. Ich weiß bereits, dass Strömungen nicht zuverlässig sichtbar gemacht werden können und an Ort und Stelle am besten spürbar sind. Er bestätigt, dass es anfangs ausgesehen habe, als sei ich gerade oberhalb einer sehr großflächigen Strömung durchgerudert. Leider hat sie mich im letzten Moment doch noch erwischt und in den Süden mitgenommen, da sie sich im Gegenuhrzeigersinn dreht.

Die Winde sind heute zwar nicht so unterstützend, aber nach gestern bin ich überzeugt, heute weitere Meilen zurück in Richtung Ideallinien rudern zu können.

Das Sicherheitsteam ist immer noch etwas besorgt um mich und lässt mich wissen, dass die Support-Jacht Skye auf dem Weg zu mir sei. Ich hätte nun die Option, mich an Bord der Jacht zu begeben, denn einmal vorbei, können sie nicht mehr zu mir zurückkehren. Die Frage, ob ich es als sicher betrachte weiterzurudern, fühlt sich wie ein Schlag in die Magengrube an.

Glauben sie nicht mehr an mich?

Wieder machen sich Zweifel breit. Belüge ich mich selbst? Bin ich gar nicht so stark, dass ich das noch schaffen kann?

Mein Kopf ist ein einziger Bienenstock, und ich kann keinen klaren Gedanken fassen. Nur mein Bauch spricht Klartext: »Ja, du kannst das. Das weißt du schon seit Beginn, und dafür brauchst du keinen Beweis. Du weißt es.«

Ich atme kurz tief durch und widme mich den Nachrichten von Debby und meiner Schwester. Debby glaubt an mich und weiß, dass ich nicht aufgeben werde. Sie motiviert mich, es allen zu zeigen. Meine Schwester übermittelt eine Nachricht meines kleinen Neffen.

»Er empfiehlt die Toten Hosen mit *Steh auf, wenn du am Boden bist.*«

Augenblicklich erinnere ich mich an den Refrain und summe das Lied vor mich hin, während ich mich bereit mache, den Tag draußen zu beginnen. Zuerst muss ich den Treibanker wieder an Bord ziehen, und ich stelle die Empfehlung meines Neffen auf maximale Lautstärke, während ich mein Gesicht in den Wind halte und sich über mir die Regenwolken zusammenziehen.

Ein Lächeln huscht mir übers Gesicht.

»Kleiner Neffe, wo an Bord hast du dich versteckt?«

Wie kann er gewusst haben, dass dieses Lied so perfekt zu meiner Wetter- und Stimmungslage passt? Aus Leibeskräften singe ich so lang mit, bis ich den Para-Anker wieder gebrauchsfertig verstaut habe und mich an die Ruder setze. Die Support-Jacht wird heute vorbeikommen. Ich werde zum ersten Mal seit 65 Tagen andere Menschen sehen. Und mit ihnen sprechen können. Der Gedanke daran macht mich beinahe etwas nervös. Wie werde ich reagieren?

Ein paar Stunden später ist es so weit, und die folgende Dreiviertelstunde fühlt sich wie Weihnachten, Geburtstag, Ferien und Ostern zusammen an. Beim ersten Hallo bricht meine Stimme, und ich breche vor Dankbarkeit in Tränen aus. Wie schön ist es, einem Menschen begegnen zu dürfen!

Manfred, der Skipper, hört mir aufmerksam zu, und er ist erstaunt, dass sich mein Bootstyp so anders verhält als die Boote, die er bis jetzt kennt. Die Wellen sind heute nicht sonderlich imposant, und ich finde es etwas schade, dass die Fotos, die er von der Jacht aus von mir macht, wohl nicht so spektakulär werden.

Zur Feier des Tages gesellt sich am Ende des kurzen Aufeinandertreffens noch eine Zwergwalfamilie dazu. Wieder bin ich tief berührt und kann mein Glück kaum fassen. Schnell fixiere ich meine Kamera am Verlängerungsstab, den ich blind ins Wasser halte. Vielleicht kann ich den einen oder anderen Wal damit aufnehmen. Die Support-Jacht segelt wieder los, und ich bin eine weitere Viertelstunde von Walen umgeben. Das Junge taucht kurz nur zwei Meter von meinem Boot entfernt auf und scheint mir Hallo zu sagen. Und wieder fließen die Tränen in Strömen. Ich weine nicht aus Trauer, so viel weiß ich. Ich weine aus Dankbarkeit, aus Rührung, aus Sehnsucht und auch etwas wegen der permanenten Übermüdung. Wie gern würde ich mich noch Stunden mit den Walen befassen und nicht rudern müssen. Aber ein kurzer Blick auf die Koordinaten meiner Position lassen mich wieder die Ruder ergreifen. Ich bin voller Tatendrang und rudere wieder mit voller Kraft. Die Besuchszeit von vorhin entfaltet ihre Wirkung.

Der Wind bläst am Nachmittag wieder intensiver von links, und damit ich den angepeilten Kurs von 280 Grad halten kann, rudere ich praktisch nur mit einem Ruder. Meine Hand ist nicht entzückt und sendet heftige Schmerzsignale aus. Ich beiße die Zähne zusammen und rudere weiter. Wenn der Schmerz zu stark wird und ich Unterstützung brauche, rufe ich ununterbrochen »Helft mir, helft mir, helft mir!« in die Atmosphäre. Kurz kann ich dann auch das andere Ruder mitbenutzen und erhalte so eine Mikroentlastung. Die Anstrengung lohnt sich, und am Abend bin ich bereits nördlicher als die Route des nächst südlichen Bootes. Dieses ist zwar schon weit vor mir, aber die Referenz seiner Route ist wichtig, denn das Sicherheitsteam vergleicht mein Vorwärtskommen mit jener der Boote in der »näheren« Umgebung.

Am Abend versuche ich nochmals, meine Position mithilfe des Treibankers zu halten, und werfe ihn ins Wasser. Minimal entspannter und noch viel müder als am Vortag falle ich in einen kurzen, tiefen Schlaf. Nach neunzig Minuten bin ich wieder wach, um zu kontrollieren, wo ich mich befinde. Ich will vermeiden, noch einmal so weit in die falsche Richtung getrieben zu werden. Ich bin immer noch in diesem Strömungssystem gefangen, und diese Nacht werde ich südöstlich weggetrieben. Die Intensität ist jedoch schwächer und ich entscheide a) mich mitten in der Nacht nicht an die Ruder zu setzen und b) nochmals neunzig Minuten zu schlafen.

Just in dieser Zeit passiere ich wieder die Referenzroute in Richtung Süden, und eine Textnachricht am Morgen bringt die Unruhe des Sicherheitsteams schwarz auf weiß auf den Punkt. Ich kann nicht mehr argumentieren, dass ich zu viel zwischen den Zeilen lese.

»Wenn du weiterhin jeden Tag so weit in den Süden zurücktreibst, müssen wir uns überlegen, ob wir dir ein Rettungsboot schicken.«

Auf mein Aufbäumen, meinen Protest, ich wolle keine selbsterfüllenden Prophezeiungen, werde ich aufgefordert:

»Zeig uns allen, dass es sicher ist, dich da draußen zu lassen! Halte den Kurs während 24 Stunden zwischen 270 und 280 Grad.«

Ich bin seit 65 Tagen auf dem Wasser und habe schon viel Einsamkeit erlebt, mich schon oft wieder aus einem emotionalen Tief geholt und habe es immer wieder geschafft, mich zu motivieren. Mir wird einmal mehr bewusst, dass ich wirklich allein bin. Ich frage mich, wie viele andere hinter meinem Rücken denken, was diese Zeilen ausdrücken:

Die schafft es eh nicht.

Fast wie ein roter Faden ziehen sich die unzähligen Versuche »dazuzugehören« durch mein Leben. Selbst in der kleinen, speziellen Gilde der Ozeanruderer schaffe ich es offenbar nicht. Schon wieder fühle ich mich ausgegrenzt. Es tut gerade unglaublich weh.

Meine Wahrnehmung zieht sich auf einmal zusammen und fokussiert sich nur noch auf einen Punkt. Alles wird egal, nur noch ich zähle.

Ich kann das.

16° 54.91 N, 058° 28.77 W – The Final Countdown

Ich hole tief Luft und sage mir mit viel Überzeugung erneut: »Heute ist ein neuer Tag.«

Das heißt, ich allein kann die Entscheidungen treffen, wie und wann ich was mache. Alles andere kann im Moment hintangestellt werden. Mit Wut im Bauch hole ich tief Luft und bin ein wenig erstaunt: keine Spur von emotionslastigen Tränen, die sich in meine Augen drücken. Ich versuche, jeden Rest negativer, energieraubender Emotionen wegzuschieben. Wenn andere mir nicht glauben, dass ich etwas kann, muss ich es ihnen nicht beweisen. Ich höre immer: »Du musst dies, du solltest das ...« – gar nichts muss ich! Es ist nicht meine Aufgabe, einem anderen Menschen etwas zu erklären oder glaubhaft zu machen, worüber er oder sie sich sowieso bereits eine Meinung gebildet hat.

Meine Gedanken scheinen zum ersten Mal eine geordnete Form anzunehmen, und ich sehe auf einmal klar, was wirklich wichtig ist. Alle Ratschläge, die ich erhalte, sind wohl gut gemeint, aber eben doch Schläge. Und sie halten mich davon ab, eigene Entscheidungen zu fällen. Oder ich lasse mich davon abhalten, ruft mir eine innere Stimme in Erinnerung. Dass dies auch für mein gesamtes Leben zutrifft, ist mir bewusst. Mit der neu gewonnenen Ordnung meiner Gedanken registriere ich, dass in dem Punkt allgemein noch viel Optimierungspotenzial liegt, und ich entscheide mich, dieses Thema zu gegebener Zeit aufzugreifen. Jetzt stehen andere Herausforderungen an.

Entschlossen gehe ich an Deck, hole den Treibanker an Bord und verstaue ihn. Ich werde ihn sicher nicht nochmals brauchen, aber zur Sicherheit bleibt er an Deck befestigt. Debby hat in ihrer Textnachricht empfohlen, die Energie, die Wut in mir auslöst oder mich verletzt, umzuwandeln. Es ist eine gute Idee, das habe ich in der Vergangenheit nicht umsetzen können. Vielleicht habe ich mich immer zu stark ans Negative gekrallt, konnte es nicht loslassen, von mir loslösen und transformieren.

Die indirekte Drohung, ein Rettungsschiff zu mir zu beordern, ist bei mir als sehr negative Nachricht angekommen. Etwas, das ich nicht festhalten will. Es fühlt sich beinahe wie ein Fremdkörper an, der nichts bei mir zu suchen hat. Ich weiß ja, dass ich es schaffen werde. Klar, es gibt Menschen, die mit etwas zusätzlichem Druck zu Höchstleistungen fähig sind. Ich setze mich schon selbst oft stark unter Druck, da brauche ich nicht noch mehr Druck von außen.

Musik an, den Blick immer zwischen anrollenden Wellen und Kompass hin und her schwenkend, mache ich mich an die letzten 240 Seemeilen.

Stunde um Stunde pflüge ich weiter durch gefühlten Beton, immer eisern den nordwestlichen Kurs haltend. Reggie kommt vorbei, und ich halte ganz kurz inne, um ihm zuzuschauen, wie er seinen Kreis um mein Boot zieht. Täusche ich mich, oder ist sein Schwebemoment auf Höhe meines Kopfes heute etwas länger? Und hat er mich angeschaut? Es hat sich auf jeden Fall so angefühlt. Reggie setzt seine Flugbahn fort, und ich folge ihm mit meinen Augen. Obwohl ich mich nicht bewege und still auf meinem Rudersitz verweile, fühlt es sich an, als ob mein Körper dieselben Kurven über die Wellen zöge, wie es die Sturmschwalbe gerade tut. Es ist, als ob ein Teil von mir mit Reggie über das Wasser segelt, schwerelos und verspielt. Als hätte er mich kurz mitgenommen, um mich aufzumuntern. Ein unbeschreibliches Gefühl! So schnell es da war, so schnell bin ich wieder komplett in meinem eigenen Körper und nehme die schöne Erinnerung mit, um den Kurs bis zum Abend zu halten.

Ich verstehe nicht, wie mein Körper nach so kurzer Nacht und nach so vielen Tagen immer noch dermaßen leistungsfähig sein kann. 24 Stunden lang denselben Kurs halten kann ich nur mit etwas Unterstützung des Universums, denn mein Körper sehnt sich nach einer Ruhepause. Diese erhält er erst lange nach Sonnenuntergang. Im Gegensatz zu gestern lasse ich den Treibanker an Bord und hoffe auf ein kleines Wunder, das mich auf dem gleichen Kurs hält. Wie so oft flachen die Winde kurz nach Sonnenuntergang etwas ab, und die Wellen sollten während der nächsten Stunden die größere Treibkraft sein. Das würde heißen: mehr in den Westen in Richtung Ziel, weniger in den Süden. Falls denn die Strömung nicht wieder Kapriolen schlägt.

Erschöpft falle ich in einen anderthalbstündigen komatösen Schlaf, aus dem mich mein Wecker kaum herauszuholen vermag. Wie letzte Nacht kontrolliere ich sofort die Richtung, in die ich getrieben wurde. Und erneut traue ich meinen Augen nicht. Dieses Mal habe ich allerdings allen Grund zur Freude. Ich bin auf demselben Kurs geblieben, als hätte ich nicht mit dem Rudern aufgehört. Natürlich etwas langsamer, aber das ist mir ziemlich egal. Mit viel Dankbarkeit nehme ich dieses Geschenk an, stelle den Wecker erneut und gönne mir weitere neunzig Minuten Schlaf. In Gedanken drücke ich mir selbst fest die Daumen, dass ich ein weiteres Geschenk dieser Art erhalte. Reell kann ich meine Daumen nicht drücken, denn meine Hände schmerzen viel zu heftig.

Der Wecker läutet; und täusche ich mich, oder hat er einen verheißungsvollen Unterton? Ich setze mich sofort auf und kontrolliere meine Route. Tatsächlich! Ich bin immer noch auf Kurs und überlege mir, ob ich mir eine dritte Dosis Neunzig-minutenschlaf gönnen soll, obwohl es schon nach drei Uhr früh ist. Der Tag würde dann schon angebrochen sein, wenn der Wecker wieder klingelt. Während ich noch hin- und her-gerissen bin, ziehe ich meinen Sicherheitsgurt fest, denn ich muss kurz aufs Klo.

Ich bin bereits draußen angeklickt und habe den rechten Fuß an Deck, als aus dem Nichts eine Welle von mir aus rechts hef-tig ans Boot gerät und ihre Kraft an der geöffneten Kabinentür entlädt. Mein Kopf ist genau auf derselben Höhe und wird mit voller Wucht gegen die Kabinentür geschmettert. Ich höre die Glocken läuten und denke gleichzeitig an die geöffnete Kabine. Es ist aber zu spät, die Welle hat sich bereits auf meinem Bett und der Seite mit den elektrischen Geräten verteilt. Mit ein paar schnellen Handgriffen schiebe ich alle Ladekabel, das Telefon und Kameras auf die trockene Seite der Kabine und sauge mit dem großen schnelltrocknenden Tuch so viel Wasser auf, wie ich kann. Es ist das Tuch, das mir als Ersatzleintuch gedient hat, damit ich etwas vom kalt-klebrigen Kunststoff meiner Matratze geschützt bin. Somit erledigt sich die Frage nach mehr Schlaf.

Ich bin voll wach, mein Kopf schmerzt, und Rudern scheint mir die beste Beschäftigung zu sein, nachdem ich alle nassen Utensilien vom Salzwasser befreit habe. Sobald die Sonne auf-geht, hole ich das nasse Tuch an Deck und breite es hinter mir aus, in der Hoffnung, dass es etwas trocknet. Aufhängen kann ich es nicht, denn das würde als Segel gelten, und dies wäre ein Grund für eine Disqualifikation, falls mich jemand sieht. Mein

Kopf schmerzt nicht nur vom Zusammenstoß, es sind auch Müdigkeitskopfschmerzen. Ich habe Instantkaffee dabei, aber schon der Gedanke daran lässt mich schaudern.

Schokolade wäre genau das Richtige. Leider habe ich nur noch diese Clif Bars mit Schokostückchen, die ich mir eigentlich als Dessert und Belohnung am Ende des Tages reserviert habe. Zumal ich nicht weiß, wie viele Tage ich nun noch auf See sein werde. Es kann ja immer wieder etwas passieren, das hat mir mein Umweg in den Süden gezeigt. Aber wenn ich mir nur einen kleinen Bissen gönne, verschwindet meine leicht mürrische Stimmung vielleicht. Ich weiß ja, dass Schokolade und ich gute Freunde sind. Und gute Freunde sind füreinander da, wenn es bei dem anderen mal nicht rundläuft. Zufrieden mit meiner Argumentation, beiße ich genüsslich in die weiche, süßliche Masse, schließe die Augen und bereue meine Entscheidung keinen Augenblick. Schokolade, auch in ganz kleinen Mengen, macht einfach fast alles wieder okay.

Die Winde nehmen wieder an Stärke zu, und ich werde informiert, dass die nächsten Tage nochmals etwas unangenehm werden könnten, denn die Böen werden mit bis zu 55 Stundenkilometern auf mich zukommen.

»Na ja, ist ja nichts, was ich nicht schon hatte auf dieser Reise«, denke ich und bleibe ruhig. Von Manfred, dem Skipper der Support-Jacht, habe ich eine Vorschau der Fotos erhalten, die er von mir gemacht hat. Fast ungläubig schaue ich darauf. Die sind ja der Hammer! Und die Wellen sehen alles andere als mickrig aus. Wie ein Wechsel des Betrachtungswinkels das Bild ändern kann!

Ich hänge mein Telefon ans Ladekabel und warte darauf, dass das grüne Batteriezeichen rechts oben am Bildschirm aufleuchtet. Es bleibt weiß. Ich probiere das Ladekabel am anderen Telefon, welches lediglich Musik geladen hat.

Was ist denn das?

Es entlädt sich, sobald es am Strom ist!

Schnell ziehe ich den Stecker wieder raus und untersuche das Kabel genauer. Kann es sein, dass sich vom Salzbad der letzten Nacht bereits Korrosion gebildet hat? Ich kann nichts erkennen, werde aber trotzdem sofort aktiv. Ich habe noch eine Batterieleistung von 96 Prozent auf meiner letzten Verbindungsmöglichkeit mit dem Festland. Schnell sende ich dem Sicherheitsteam, Debby und Roberto Nachrichten mit der Info, was passiert ist, und dass ich mein Telefon jeden Tag um zehn Uhr kurz anmachen werde, um Nachrichten zu empfangen und zu beantworten. So könnte ich wahrscheinlich bis Antigua durchkommen.

Die folgenden vier Tage sind geprägt von starken Winden mit noch stärkeren Böen, begleitet von Wellen aus zwei verschiedenen Richtungen, die meine Willensstärke erneut auf die Probe stellen. Seit meine zwei Telefonladekabel nur noch ab und zu ihre Arbeit tun, wage ich es nicht, die Batterieleistung zu nutzen, und rudere ohne Musik. Ich bin den Geräuschen der Natur und dem Lärm in meinem Kopf, den meine Gedanken veranstalten, voll ausgesetzt. Mit Selbstgesprächen versuche ich, immer im Jetzt zu bleiben, denn wie gern würde ich in der Zukunft schwelgen. Eine warme, lange Dusche, ein weiches Bett mit trockener Bettwäsche und absolute Stille sind meine liebsten Destinationen, an die ich in Gedanken reise.

Mit mehr Disziplin, als ich in solchen Situationen sonst zustande bringe, zwinge ich mich, die anstehende Herausforderung zu meistern. Sie besteht aktuell vorrangig darin, mein Boot wieder so zu drehen, dass ich in idealer Position zur Wellenbewegung besser vorwärtskomme. Seit fast sechs Stunden mühe ich mich nun entsprechend ab und komme mir ein wenig wie Sisyphus vor, der seinen Felsbrocken den Berg hinaufwälzt und ihn kurz vor dem Gipfel wieder ins Tal rollen sieht. Zentimeter um Zentimeter drehe ich Miss Universe, nur um kurz vor dem optimalen Winkel von einer Welle wieder auf Anfang gedreht zu werden. Etwas später klappt es endlich mit dem Drehen, aber dank der Wellen überdrehe ich sofort und bewege mich wieder gen Süden. Unruhe macht sich in mir breit.

»Neeeein! Nur nicht wieder in den Süden!«, höre ich mich mit bebender Stimme sagen. Mein Ausflug in Richtung Südamerika hat seine Spuren hinterlassen, denn weder große Wellen, die seitlich auf mich zurollen, noch der Gedanke an die bald bevorstehende Rudernacht ohne hellen Mond beunruhigen mich, wie sie es in den letzten Wochen vermochten.

»Nur nicht wieder in den Süden!«, fordert meine gesamte Aufmerksamkeit. Die immer größer werdende Erschöpfung erreicht jede Faser meines Körpers und erhöht stetig die Spannung. Meine Hände sind so schmerzhaft, dass mir die Tränen in die Augen schießen. Ich lasse mich ein bisschen treiben und vermeide den Blick auf den Kompass und die aktuellen Koordinaten. Die Anzeige meiner Position scheint mich aber magisch anzuziehen, und ich vergewissere mich, dass ich mich immer noch weiter westwärts und nicht in den Süden bewege.

»Ab in den Süden« habe ich bis jetzt immer mit angenehmen Gefühlen assoziiert. Ich habe keine Ahnung, warum mir ausgerechnet jetzt diese Wortwahl einfällt, denn gleichzeitig beginne ich zu singen: »Ey, ab in den Süden, der Sonne hinterher, ey jo, was geht? Der Sonne hinterher …« Ich pruste los, denn feiere ich gerade alles andere als eine lockere Party, wie es Buddy tut, und in den Süden will ich eben nicht mehr. Als könne ich diese Richtung mit Worten abwenden, stimme ich *Go West* von den Pet Shop Boys an.

»Go west, where the skies are blue. Go west, this is what we're gonna do.«

Trotz fehlender Musik bringt mich mein Gesang nochmals dazu, mich aufzubäumen und mich den Bedingungen zu stellen. Ich erinnere mich an die Worte meine Schwester, die mir empfohlen hat, in Situationen, in denen ich viel Kraft brauche, den Bärenatem zu nutzen. Ich hole tief Luft und stoße sie mit einem knurrenden Geräusch wieder aus. Immer wieder. Und jedes Mal, wenn ich so atme, geht mir das Drehen des Bootes etwas leichter von der Hand. Ich komme mir manchmal etwas albern vor, aber es ist die bessere Variante, als das Meer anzuschreien. Das mache ich auch immer wieder, nur um mich sogleich für meine üblen Ausdrücke zu entschuldigen.

Heute ist der erste Tag, an dem ich bereits um 16 Uhr Feierabend mache. Ich wende mich meinem schmerzenden Körper zu und versuche, mein schlechtes Gewissen, weil ich nicht mehr rudere, im Zaum zu halten. »Morgen ist ein neuer Tag«, repetiere ich mein Mantra.

Je näher ich Antigua komme, desto mehr fällt die Erschöpfung ins Gewicht. Ich merke, wie meine Emotionalität nicht mehr geprägt ist von Erinnerungen aus der Vergangenheit, sondern ich mich eher wie ein kleines Kind verhalte, das einfach viel zu müde ist und trotzdem noch nicht schlafen gehen will. Quengelig wie im Bilderbuch.

Meine Smartphones haben dank ab und zu funktionierender Ladekabel beide wieder volle Batterien, also gönne ich mir zum

Frühstück drei Lieder und singe Wort für Wort mit. Die Wahl ist heute absichtlich zuerst auf Billy Joels *You May Be Right* gefallen. Ich besinge mich selbst ein wenig, denn vielleicht bin ich wirklich etwas verrückt, aber vielleicht ist diese Verrücktheit genau das, was ich suche, und das ist voll okay.

Vom Englischen wechsle ich zum Französischen und sprechsinge mit Mickey 3D zu *Respire*. Dieses Lied habe ich in den letzten Wochen so oft gehört, dass ich den gesamten Text runterrassle. Es erinnert mich vor allem daran zu atmen, spricht aber auch unmissverständlich aus, wie es um die Balance der Menschen mit der Umwelt steht. Was mich schon 2003, als der Song herauskam, berührte, ist immer noch aktuell.

Kurz vor dem Start in den Rudertag ziehe ich mir zum gefühlt hundertsten Mal REO Speedwagon rein. Die Worte von *Can't Fight This Feeling* erhalten immer mehr Bedeutung, je länger ich auf dem Wasser bin. Obwohl ich mich anfangs sehr gegen eine Freundschaft mit dem Meer gewehrt habe, so hat sich diese Beziehung doch mit den Seemeilen verändert. Zum ersten Mal frage ich mich beim Singen der Zeile »It's time to bring this ship into the shore and throw away the oars forever«, ob ich die Ruder wirklich für immer und ewig wegwerfen möchte, wenn ich das Schiff ans Ufer bringe. Dass die Zeit aber reif ist, an Land zu gehen, ist unbestritten. Es ist der letzte Freitag auf See, und ich klettere mit Tatendrang aus der Kabine.

Ich lenke mich heute mit Zahlenschieberei und Motivationsreden ab. Ich bin einerseits diejenige, welche die Leistung erbringt, und andererseits mein eigener Coach. Jede Dezimalsekunde, die ich mich weiter in den Norden bewege, wird frenetisch gefeiert. Ich zähle heute die Ruderschläge, die ich für eine Sekunde Distanz benötige, und rechne dies im Kopf auf eine Seemeile hoch, also sechzig Minuten à sechzig Sekunden. Danach schiebe ich die Zahlen so rum, dass ich die ungefähre Tageszeit erhalte, wann ich wieder auf 17 Grad sein werde. Ich schaffe beides noch vor Sonnenuntergang und schlafe zum ersten Mal seit Langem zufrieden sechs Stunden am Stück.

Das Aufwachen ist weiterhin geprägt vom Nur-nicht-wieder-in-den-Süden-Kontrollblick auf den Plotter. Aber alles passt, ich bin immer noch auf Kurs. Das Sicherheitsteam empfiehlt mir, so viel nach Norden zu steuern wie möglich, denn ich werde in den letzten Stunden vor meiner Ankunft starke Winde und Strömungen aus Nordosten erleben. Von Debby erfahre ich, dass John Davidson, der Soloruderer hinter mir, so viel Boden gutgemacht hat, dass er nur noch neun Seemeilen hinter mir ist. Leider sehe ich ihn nicht auf dem Plotter, und auch mein Funkgerät erreicht ihn nicht, wir sind immer noch ein paar Kilometer zu weit auseinander, um miteinander sprechen zu können. Irgendwie fühlt es sich aber so an, als wäre ich heute nicht so allein. Das Wissen um die Nähe eines anderen Soloruderers tut gut. Es ist mir egal, wann er mich ein- und überholen wird, ich freue mich einfach, mich mit ihm sicher auf Antigua noch über unsere Erfahrungen und Erlebnisse austauschen zu können.

Dass heute Gabi-Wetter herrscht, Wind um die zwölf Knoten mit Wellen bis zu fast zwei Metern, hilft mir, mich mit Freude und kraftvoll unter die 100-Meilen-Marke zu rudern. John Davidson sehe ich nicht, und ich werde wohl einen Tag vor ihm auf Antigua ankommen, wenn nicht noch einmal eine zeitraubende Herausforderung auf mich zukommt. Dafür sehe ich Reginald heute zweimal und frage mich, wie unsere Freundschaft wohl weitergeht, wenn ich nicht mehr auf dem Boot wohne.

Der Wecker klingelt mich zum letzten Mal aus dem Schlaf, denn die nächste Nacht werde ich nicht mehr schlafend verbringen können. Beinahe andächtig nehme ich mein letztes Frühstück zu mir. Und freue mich, bald etwas anderes zum Frühstück essen zu können als dieses Beutel-Porridge.

Die Wasseroberfläche ist heute fast glasig, es weht kein Wind, und die 36 Grad sind drückend. Die Haut an meinen Armen, Beinen und um den Bauchnabel ist übersät mit Pusteln. Sie jucken, und wenn die Sonne zu lange darauf scheint, brennt die Haut schmerzhaft. Ich trage mein Langarmshirt und lege ein Tuch über meine Beine, um sie etwas zu schützen.

»Nur noch heute, nicht mehr lange, halte durch«, rede ich mir gut zu, während ich mit schmerzendem Hintern eine bequeme Position suche. Der Wind wird heute Abend gegen 23 Uhr wieder auffrischen, und ich stelle mir in der sengenden Hitze vor, wie sich das anfühlt. Die Kraft der Gedanken ist oft groß und stark, aber kühlend wirken sie in meinem Fall gerade nicht.

Mein Musiktelefon ist wieder in Betrieb, denn die Batterieleistung wird bis zu meiner Ankunft reichen. Ich mache eine Pause und schaue, der Sonne abgewandt, ins wunderschöne Blau unter mir. Diese glatte Fläche und die Hitze passen zum Lied, das gerade aus dem Lautsprecher ertönt. Der Schweizer Musiker Peter Reber singt in seinem Mundartstück *Transatlantik-Blues* von vier Tagen Flaute und einer Sonne, die wie Blei drückt. Ja, genauso fühlt es sich an, wie Blei. Zum Glück habe ich aber im Gegensatz zum Segler im Lied nicht mehr 1.000 Meilen vor mir, sondern deren nur noch vierzig. Ich setze mich wieder an die Ruder und pflüge weiter, immer weiter. Es ist beinahe schon meditativ heute. Wahrscheinlich nehme ich auch aus diesem Grund das Motorengeräusch nicht wahr. Plötzlich erscheint rechts neben mir ein Motorboot mit einem Mann am Steuer. Ich kann gerade noch etwas das Tuch über meinen Beinen zurechtrücken, damit er nicht sieht, dass ich keine Hose trage. Mit einem breiten Grinsen fragt er mich, was ich hier draußen mache. Überrascht von der Präsenz eines Menschen antworte ich ehrlich, aber etwas wortkarg.

»Rudern. Und du?«

Seine Antwort fällt noch kürzer aus.

»Fischen.«

Wir schauen uns noch ein paar Sekunden wortlos an und verabschieden uns mit einem kurzen »Bye«.

Was war das denn? Jetzt sehne ich mich wochenlang nach der Möglichkeit, mit einem Menschen sprechen zu können, und wenn ich die Gelegenheit dazu habe, bringe ich nicht mehr über die Lippen als diese wenigen paar Worte? Wie wird das morgen werden, wenn ich wieder an Land bin?

Kopfschüttelnd widme ich mich wieder den Rudern und lege später eine ausgedehnte Sonnenuntergangspause ein. Zufrieden setze ich mich auf Deck, den Blick nach Westen gerichtet. Die Atmosphäre ist etwas dunstig, und ich erblicke noch kein Land am Horizont. Der Countdown läuft, und schon erklingt wieder ein Lied in meinem Kopf, das leider auf keiner meiner Playlists ist. Die Satellitenverbindung ist, dank der immer noch recht ruhigen See, stark, und ich halte mein BGAN so lang stabil in die Luft, bis ich *The Final Countdown* von Europe runtergeladen habe.

Jetzt geht's los. Das ist der Beginn des Endes auf See.

17° 0.45 N, 061° 45.88 W – Antigua

Mit Erlaubnis des Sicherheitsteams greife ich für mein letztes Abendessen auf See nach einem Beutel Fleischbällchen in Tomatensoße. Die Essensrationen, die kein zusätzliches Wasser benötigen, dürfen nur in Notfällen und in Absprache mit dem Sicherheitsteam gegessen werden. Für den Fall, dass an Bord Trinkwasserknappheit herrscht oder es ein Problem mit dem Wasserentsalzer gibt, kann so Trinkwasser zur Essenszubereitung gespart werden. In der Vorbereitung habe ich diese Fleischbällchen sehr gern gemocht, und entsprechend groß ist die Vorfreude auf den bevorstehenden Gaumenschmaus. Geduscht bin ich bereits, die Haare sind mit Frischwasser ausgespült, und alles ist bereit für mein letztes Sonnenuntergangsdinner. Entspannende Loungemusik, passend zum sanften Schaukeln des Bootes, erklingt aus dem Lautsprecher. Ich schaue zum Horizont, wo die Sonne vor ihrem Untergang bereits in den dunstigen Bereich eingetaucht ist. Bald wird sie hinter den Wolken verschwinden. Das große Finale habe ich mir anders vorgestellt, aber ich lächle in mich hinein beim Gedanken an die vielen Sonnenuntergänge, die ich in den vergangenen Wochen erleben durfte und fotografiert habe.

Ich genieße die angenehme Temperatur, nicht mehr heiß, aber auch nicht zu kühl. Der Wind ist immer noch sehr lau. Meine Fleischbällchen sind warm, und ich löffle sie aus dem Beutel heraus. Ich bin etwas erstaunt. Sie schmecken nach nichts, weit weniger geschmackvoll als in meiner Erinnerung. Trotzdem esse ich alles und bereite mir noch einen Beutel Pulled Pork mit Reis, meine aktuell liebste Mahlzeit, zu. Je mehr

ich jetzt esse, desto weniger muss ich in der Nacht zu mir nehmen. Es wird mir flau beim Gedanken an die bevorstehenden
Stunden. Ohne hellen Mond und mit dunstiger Atmosphäre
werde ich den Horizont nicht erkennen können, und die Übelkeit ist vorprogrammiert. Es gibt aber keine andere Möglichkeit, denn wie es aussieht, werde ich wirklich durch die Winde
noch einmal herausgefordert werden. Ich bin bereit dafür.

Beim Eindunkeln hole ich aus der vorderen Kabine noch die
Landesflagge von Antigua, die ich zwanzig Seemeilen vor Ankunft befestigen soll. In spätestens zwei Stunden erwarte ich
die auffrischenden Winde. Zeit, mich noch etwas hinzulegen.
Ich klettere in die Kabine. Schnell wird mir klar, dass ich nicht
schlafen kann. Trotzdem lege ich mich hin und versuche, mich
zu entspannen. Meine Hose und das Oberteil, das ich bei der
Zieleinfahrt tragen werde, liegen bereit, die Snacks, die ich vielleicht in der Nacht brauchen werde, ebenfalls. Ich entscheide
mich, das Langarmshirt in der Nacht zu tragen, weil es mir ein
kleines Gefühl von Geborgenheit gibt.

Kurz nach 22 Uhr krieche ich wieder aus der Kabine und
schicke noch einmal Textnachrichten an Land. Das Sicherheitsteam freut sich auf meine Ankunft und ist glücklich mit
meiner Position. Wenn ich den Kurs auf 269 Grad halte, würde
ich direkt ins Ziel fahren, schreiben sie mir. »Das ist mal eine
einfache Aufgabe«, geht es mir durch den Kopf.

Ich verstaue das BGAN wieder in der Kabine, blicke in den
Westen und kann bereits die Lichtverschmutzung der Zivilisation erkennen. Auf einmal finde ich es schade, dass die un-
gestörte Dunkelheit der Natur vorbei ist. Die Vorfreude auf
Umarmungen verdrängt diese Gedanken sofort wieder. Der

Wind ist noch nicht so stark, aber ich trete meine letzten fünfzig Kilometer schon jetzt an.

Es vergehen keine zwanzig Minuten, und ich atme tief ein und aus, weil mir schlecht ist. Das kann ja heiter werden. Irgendjemand betätigt auch aus dem Nichts heraus einen Schalter, denn von einer Minute zur anderen bläst der Wind stark aus nordöstlicher Richtung, und ich richte meinen Blick immer wieder auf den Kompass. 270 ist ja beinahe 269 und wird mich ans Ziel bringen. Nach einer halben Stunde trinke ich einen Schluck Wasser und öffne kurz die Kabinentür, um auf dem Plotter meine Position in Bezug auf die Insel Antigua zu kontrollieren.

Ich lasse beinahe meine Trinkflasche fallen, denn mein Boot ist überhaupt nicht auf dem richtigen Kurs.

Ich bin bereits viel zu südlich.

Das darf doch nicht wahr sein!

Mir ist gleich noch etwas übel, und ich atme weiter tief ein und aus. Ich weiß, dass ich nach Kompass gerudert bin und dieser immer 270 angezeigt hat. Dass ich nun eher auf knapp 255 Grad unterwegs bin, lässt nur einen Schluss zu: Es stimmt mit dem Kompass etwas nicht. Es gibt nur wenige plausible Gründe, warum mein Kompass nicht den richtigen Kurs anzeigt. Ich glaube, mein BGAN trägt die Schuld. Ein Hardwarefehler hat schon früh dazu geführt, dass sich der Akku nicht mehr laden ließ und ich das Modem, wenn ich es nutze, seitdem immer im Innern der Kabine an die Stromversorgung anschließe. Das Kabel ist lang genug, sodass ich das BGAN draußen einschalten kann, aber die Antennen und der Kompass sind schon sehr nahe, und die Interferenzen haben den Kompass wohl zu stark abweichen lassen.

Der Wind bläst munter weiter, und meine Nervosität steigt und steigt. Was mache ich jetzt? Angestrengt betrachte ich meinen Plotter, versuche, Ruhe zu bewahren, und zoome etwas aus der Ansicht heraus.

Mein noch auf La Gomera gespeicherter Wegpunkt befindet sich offenbar nicht am Nelson's Dockyard, meiner ultimativen Destination, sondern mitten auf einem Hügel an der Südostküste der Insel. Wenn ich also nun der Linie zum Wegpunkt folge, riskiere ich, die Insel womöglich zu nördlich anzusteuern.

Kurzentschlossen entscheide ich, einen neuen Wegpunkt einzuprogrammieren, der mich ungefähr fünfhundert Meter südlich des untersten Zipfels der Insel passieren lassen würde. Jetzt habe ich eine direkte Linie von meiner aktuellen Position zu diesem Punkt und muss ihr nur noch folgen. Damit meine Augen geschont werden und ich nach dem Blick auf den Plotter auch auf Deck noch etwas erkennen kann, schalte ich die Belichtung des Bildschirms auf ein Minimum herunter und schließe die Kabinentür. Die Außenseite der Kabine ist mit Sponsorenstickern beklebt, und ich kann nicht durch das Glas hindurchsehen. Das heißt also, dass ich nun die Kabinentür alle drei bis fünf Minuten kurz öffne, um zu schauen, ob sich das Boot unterhalb oder oberhalb der neuen Referenzlinie befindet.

Zu keinem Zeitpunkt dieser letzten Aktion kommen irgendwelche Emotionen hoch. Ich bin immer noch etwas überrascht, doch meine Aufmerksamkeit ist die nächsten fünf Stunden klar ausgerichtet. Neben der regelmäßigen Kurskontrolle auf dem Plotter informiere ich auch das Sicherheitsteam über meine Situation und wie ich sie meistere. Es tut gut, alle zwei Stunden kurz Kontakt zu haben. Daran, dass diejenigen am anderen

Ende durch meine Nachrichten auch eine schlaflose Nacht haben, denke ich gar nicht. Jedes Mal, wenn ich mich mit dem Satelliten verbinde, treibt das Boot wieder in den Süden, und ich rudere im Anschluss wieder dagegen. Es entsteht eine sanfte Schlangenlinie, aber ich kann mich an die Linie des Kurses halten.

Immer wieder beiße ich in einen Riegel und versuche so, zu etwas mehr Energie zu kommen. Der Bissen bleibt nur ganz selten in meinem Magen und findet meist den Weg zurück und über Bord. Irgendwann habe ich genug vom Erbrechen und nehme nur noch ab und zu etwas Wasser zu mir. Nicht nur die Übelkeit macht mir zu schaffen, sondern auch die Müdigkeit. Es ist eine komische Mischung aus Adrenalin, welches mich nervös und unruhig macht, und Melatonin, das mich in der Dunkelheit der Nacht zum Schlafen animieren möchte.

Immer wieder fallen mir die Augen zu, und ich ohrfeige mich selbst oder kneife mich mehrmals in die Wangen und Oberschenkel. Das Sicherheitsteam meint, ich solle mir wegen der Flagge für Antigua keine Gedanken machen, die sei nicht so wichtig. Dankbar lasse ich das Stück Stoff in der Kabine.

Nach einer gefühlten Ewigkeit erkenne ich endlich den Horizont wieder. Zwar ist er in der frühen Morgendämmerung nur schwach sichtbar, aber meine Übelkeit verfliegt wie auf Knopfdruck. Ein Blick nach hinten lässt mich Antigua schon sehr nahe erkennen, und ich weiß, dass ich die Nacht überstanden habe. Jetzt wird es einfach, jetzt kann ich wieder anhand von Landmarkierungen rudern. Erstaunlicherweise verfalle ich beim Anblick von Land nicht in Euphorie. Es fühlt sich wie die logische Folge des Ablaufs an, geplant und eingetroffen.

Der Wind ist weiterhin stark, und die Strömung setzt noch einen drauf. Ich bleibe dran und rudere weiter.

Die Sache mit der Landesflagge stört mich und lässt mich nicht los. Ich entscheide mich, sie trotzdem zu befestigen, was mir mit etwas Anstrengung auch gelingt. Dass ich sie nicht, wie vorgesehen, mit Nylonschnüren, sondern mit Klebeband befestigt habe, ist ein kleines Detail, das hoffentlich niemandem auffallen wird. Die Antigua-Landesflagge an Bord der Miss Universe weht schließlich stolz im Wind.

Es ist jetzt fünf Uhr, und plötzlich höre ich, wie sich mir von links ein Motorboot nähert. Ich mache mich mental auf die Frage »Was machst du hier?« gefasst, als ich aus der Richtung des Bootes ein »Du machst das super, Gabi!« vernehme. Ich habe keine Ahnung, welchem Mann diese Stimme gehört, aber er weiß offenbar genau, wer ich bin und, noch wichtiger, was ich hier mache. Ich merke förmlich, wie sich mein gesamter Körper entspannt. Er steuert sein Boot auf meine rechte Seite und stellt den Motor ab. Innerhalb von zwanzig Sekunden tragen ihn Wind und Wellen zehn Meter weiter weg und er lässt mich wissen, dass es nicht mehr weit sei, bis ich etwas mehr im Schutz der Insel sein und die Bedingungen nicht mehr so anstrengend sein werden. Seine Worte sind Balsam für meinen Körper und meine Seele. Ich glaube ihm, und wirklich, kurz nachdem er sich wieder verabschiedet, beruhigt sich die Lage.

Es sind nun noch ungefähr fünf Kilometer bis zum Hafen, und endlich beginne ich, jeden Ruderschlag zu genießen. Es breitet sich eine angenehme Leichtigkeit in meinem Körper aus, und ich nehme mir einen Moment Zeit, meine Hose und mein Oberteil anzuziehen sowie den Lautsprecher auf die maximale Lautstärke zu stellen. Der Moment meiner persönlichen kleinen Feier ist gekommen. Whitney Houston und ich singen und schreien zu *One Moment in Time* um die Wette, und ich habe am ganzen Körper Gänsehaut.

»Was für ein kitschiges Lied zum Sonnenaufgang«, denke ich, und ein zufriedenes Grinsen macht sich auf meinem Gesicht breit, »genau das Richtige für mich und diesen Augenblick!«

Nur knapp kann ich der Versuchung widerstehen, den Song noch ein zweites Mal laufen zu lassen, aber der nächste ist mir noch wichtiger. Erneut lasse ich REO Speedwagons *Can't Fight This Feeling* aus dem Lautsprecher erklingen. Ich singe aus tiefstem Herzen mit, und zur Leichtigkeit gesellt sich eine Freude, denn während ich simultan singe und rudere, merke ich, dass jetzt der Zeitpunkt unmittelbar bevorsteht, in dem ich dieses Schiff ans Ufer bringe. Aber was ich beim letzten Mal noch nicht gewusst habe, wird nun Tatsache. Ich muss die Ruder nicht mehr für immer wegwerfen. Zwar lege ich sie gern für eine ganze Weile weg und werde wohl auch für eine geraume Zeit nicht mehr rudern wollen, aber ich verspüre keinen einzigen Funken Widerwillen oder Negativität. Das Meer und ich sind doch noch Freunde geworden.

Mit einer Dankbarkeit, die ich nicht näher beschreiben kann, weiß ich: Alles ist gut. Zu mehr Gedanken bin ich gerade nicht fähig, ich fühle mich etwas wie nach einer durchzechten Nacht, noch immer etwas aufgekratzt, aber reif für ein bisschen Schlaf und habe wohl einen wissenden Gesichtsausdruck, der alle Ereignisse der vergangenen Stunden beinhaltet. Das Lied ist zu Ende, und das nächste beginnt sogleich. Der vibrierende Bass, gefolgt von elektrischen Gitarrenklängen, gespielt von Europe, läuten für mich ein letztes Mal den *Final Countdown* ein.

Während ich mit dem Kopf noch etwas im Takt mitnicke, nähert sich mir ein weiteres Motorboot.

Was für eine schöne Überraschung! Es sind Debby und John mit ihren Söhnen und zwei Freunden, die mich begrüßen. Meine Müdigkeit verabschiedet sich, und an ihrer Stelle nimmt die Euphorie Platz. Plötzlich sprudeln die Worte wie ein Wasserfall aus mir heraus, und ich erzähle kreuz und quer von Dingen, Momenten und Erlebnissen der letzten Nacht. Ich sehe sechs Augenpaare, die alle ein kleines belustigtes Blitzen in den Augen haben. Ich glaube, sie spüren ganz genau, was bei mir gerade abgeht, und es macht mir überhaupt nichts aus, fast ein wenig transparent für sie zu sein. Menschen zu sehen, mit ihnen sprechen zu können, ist ein Geschenk und etwas, was ich nie mehr so lang missen möchte.

Langsam nähere ich mich der Landesöffnung zum Ziel hin, meine Freunde fahren wieder zurück zum Hafen, und ich erhalte nahtlos Gesellschaft von der Küstenwache sowie kurz später vom Boot der Organisatoren der Regatta. Ich rudere schon lange nicht mehr nach Koordinaten und adjustiere auch das Steuerruder nicht mehr. Es ist mehr oder weniger in der Mitte fixiert, und mit meinen Ruderschlägen steuere ich der unsichtbaren Linie zwischen der roten und grünen Boje beim Hafeneingang entgegen.

Auf einmal wird es lärmig, ein Druckluft-Signalhorn ertönt hoch oben vom Felsen rechts von mir, und ich erkenne eine Schweizer Fahne. Menschen johlen und rufen irgendetwas. Ich rudere weiter, bis ich plötzlich Stimmen vom Boot des Organisators höre:

»Du kannst aufhören zu rudern, Gabi!«

Nach 74 Tagen, 23 Stunden und 56 Minuten ist es so weit. Ich höre auf zu rudern. Ich beuge mich nach vorn und stütze mit den Händen meinen gesenkten Kopf.

Es ist wirklich, wirklich wahr, ich bin auf Antigua.

Sogleich richte ich mich wieder auf, lehne mich kurz nach hinten, und ein Lachen macht sich auf meinem Gesicht breit. Ich greife zur roten Handfackel, welche ich zur Feier des Moments abfeuern darf. Das Boot des Organisators zieht seine Kreise um mich, und ich fühle mich so richtig wohl umgeben, auch wenn die Funken der Fackel etwas auf meinem Arm schmerzen. Ich blende diesen Schmerz einfach aus. Nichts kann diesen Moment trüben.

Jetzt bin ich am Ziel, aber noch nicht an Land. Die paar Hundert Meter bis dahin werde ich von Manfred und seinem Beiboot angeschoben. Leicht erschrocken erkundige ich mich, ob ich einer der großen Superjachten im Hafen im Weg sei, da viele von ihnen ihr Horn betätigen. Manfred lacht und erklärt mir, dass sie alle für mich Lärm machen und mich feiern. Ich bin beinahe etwas verlegen, freue mich aber sehr. Wir kommen dem Dock immer näher, und ich erblicke die Menschenmasse, die mir zuwinkt und mich lautstark willkommen heißt. Ich bin überwältigt und weiß gerade nicht, wohin mit dem Ausmaß dieser Zuwendung. Werde ich allen meinen Dank gebührend entgegenbringen können?

Plötzlich geht alles ganz schnell.

Mein Boot ist am Dock, Carsten, der Direktor der Organisation, spritzt mich mit einer Flasche lauwarmem Champagner ab, und mir werden ein Banner mit Logo von Atlantic Campaigns und der Aufschrift »Ich habe den Atlantik überrudert«

und danach eine Schweizer Fahne in die Hand gedrückt. Fotos werden gemacht, mir entfährt für den entsprechenden Gesichtsausdruck auch ein Siegesschrei, und schon werde ich gebeten, meine Sicherheitsleine loszumachen, damit ich an Land treten kann.

Die Sicherheitsleine ist los, meine Schuhe und Socken habe ich ausgezogen, und Carsten, der mich auf La Gomera mit den Worten »Ich werde dich auf Antigua wiedersehen!« verabschiedet hat, reicht mir zur Unterstützung die Hand.

»Welcome to Antigua!«, ruft er laut, und mit einem Sprung lande ich etwas ungelenk auf dem Steinboden des Hafens. Meine beiden Füße und Beine stehen auf der Erde und sind schwer wie Blei. Ich fühle mich sofort angenehm stark mit dem Erdboden verbunden. Ich bin wieder an Land, da gehöre ich hin, da habe ich meine Wurzeln.

Was dann kam

Während der ersten Stunde zurück an Land blieb die Euphorie hoch, ich empfand keine Müdigkeit, und mein System schien das Memo, dass ich nicht mehr permanent aufmerksam sein muss, wenn ich an der frischen Luft bin, nicht erhalten zu haben.

Meine Eltern, Roberto, Debby und John in die Arme zu schließen, war wunderbar. Auch die unzähligen Umarmungen von fremden Menschen, die mich am Hafen in Empfang genommen haben, nährten mein Bedürfnis nach physischem Kontakt und hinterließen eine wohlige Energie. An das Interview mit Carsten auf dem Holzpodest am Dock und jenes am Telefon mit der Inselradiostation gleich anschließend kann ich mich nur noch bruchstückhaft erinnern. Ersteres ist zum Glück aufgezeichnet worden, und ich habe es im Nachgang in Ruhe angeschaut.

Die erste Mahlzeit, die nicht aus einem Beutel kam und mit Wasser angerührt wurde, habe ich im Anschluss an die zwei Interviews erhalten. Offenbar muss ich erwähnt haben, dass mir Schokolade auf dem Meer ziemlich gefehlt hat, denn plötzlich lagen sechs verschiedene Schokoriegel auf meinem Esstisch. Der war nicht nur in ein weißes, bodenlanges Tischtuch gehüllt, sondern hatte einen dazu passenden Stuhl mit einem wunderbar weichen Kissen. Den Burger, die Pommes, den Salat dazu und die Schokoriegel habe ich beinahe inhaliert, es war ja schon eine Weile her, dass ich etwas Richtiges gegessen hatte. Es war etwas schade, dass ich noch nicht die nötige Ruhe hatte, um das Essen wirklich zu genießen. Mein Puls schlug zwar wieder auf normalem Niveau, doch ich spürte weiterhin eine gewisse Alarmbereitschaft in meinem Körper. Es erstaunte mich dann auch nicht besonders, dass ich mich sofort an die neuen Gleichgewichtsverhältnisse anpassen konnte. Nach den ersten zehn Schritten fand ich die Sicherheit auf dem Land wieder, und nach einer knappen Stunde an Land joggte ich barfuß mit einer Leichtigkeit über den heißen Kunstrasen, als hätte ich nicht gerade zweieinhalb Monate auf einem wackligen Ruderboot auf dem Meer verbracht.

Die lang ersehnte Dusche im gemieteten Haus war eine Wohltat, und ich erlaubte mir, eine ganze Viertelstunde unter dem eher druckschwachen Wasserstrahl stehen zu bleiben. Auch die trockenen Kleider und das anschließende Nickerchen im weichen Bett waren ein Geschenk an meine Sinne und noch besser, als ich es mir auf See vorgestellt hatte. Ich konnte, wie schon auf dem Wasser, am Abend immer gut einschlafen, bin aber noch gut zwei Monate lang immer um vier Uhr aufgewacht. Jedoch nur einmal, in der zweiten Nacht an Land, habe ich mein Gleichgewicht kurz verloren. Er war erst drei Uhr, als ich aufwachte und mich sofort, mit einem Ruck, aufsetzte.

»Oh nein, hoffentlich bin ich nicht wieder in den Süden getrieben worden«, schoss es mir durch den Kopf. Gleichzeitig verfingen sich meine Hände, welche bereits das Licht im Boot anschalten wollten, in einem Moskitonetz. Just in diesem Moment realisierte ich, wo ich war: in einem weichen Bett, in einem Haus auf der Insel Antigua, nicht in meiner Bootskabine auf dem Atlantik. Mit einem leisen Lachen und kopfschüttelnd beschloss ich, kurz zur Toilette zu gehen. Als ich aber meine Füße auf den Boden stellte und mein Gewicht darauf verlagerte, war mein Gleichgewicht komplett aus der Balance, und der Gang zum Bad wäre sicher ein YouTube-Hit geworden. Am Morgen war ich wieder in meiner Mitte, auf der Erde.

Knappe 24 Stunden nach mir traf auch John Davidson in Antigua ein, und wir genossen es, über die »(gem-)einsame« Zeit auf dem Meer miteinander, aber auch an zwei Schulen zu sprechen. Eine von Johns Aussagen blieb mir besonders in Erinnerung. Er sprach die Jungen im Raum an und bat sie, um sich zu schauen und die Mädchen zu betrachten.

»Schaut sie euch gut an«, forderte er sie auf. »Das, was ihr könnt, können diese Mädchen schon lange, und auch wenn ihr es ihnen nicht anseht, sind sie doch mindestens so stark, wenn nicht stärker als ihr.«

Ich saß direkt neben John Davidson, einem Mann, der in seinem Leben schon aus Flugzeugen gesprungen und punktgenau Koordinaten mit dem Fallschirm angeflogen ist, um Menschen aus gefährlichen Gebieten zu retten. Es dauerte geraume Zeit, bis ich begriff, dass er mit diesen starken Mädchen auch mich meinte. Ich hoffe, seine Worte sind den Kindern ebenso in Erinnerung geblieben wie mir.

Meine Eltern flogen einige Tage vor mir wieder in die Schweiz, und ich genoss noch ein paar Tage allein für mich, an denen ich oft einfach nur auf dem kleinen Balkon meiner Unterkunft saß, die riesigen Superjachten im Hafen unter mir betrachtete und mich fragte, wie ich mich wieder in die Gesellschaft einfügen werde. Den Anblick empfand ich als komplett surreal. Auf der einen Jacht erblickte ich einen Pool, auf der anderen einen Helikopter, eine dritte hatte neben Jetskis auch noch ein stattliches Motorboot im Heck geladen. Was für ein Kontrast zu meinem im Vergleich kleinen Ruderboot! Miss Universe musste ich zum Glück nicht allein für den Rücktransport per Container nach Europa sauber machen. Debby und John wie auch meine Eltern hatten den größten Teil der Arbeit übernommen.

Die Herzlichkeit der Menschen und insbesondere der Frauen auf Antigua war die beste Begleitung auf dem Weg zurück in die Zivilisation. Auf meinen täglichen Spaziergängen wurde ich regelmäßig erkannt, und die positiven Reaktionen halfen mir, mich mit meiner Rückkehr in den Arbeitsalltag auseinanderzusetzen. Natürlich mussten meine Hände erst noch ein bisschen besser heilen, aber sie hielten mich nicht davon ab, im Internet bereits nach einem neuen Praxisraum zu suchen, da ich meine alte Praxis vor meiner Abreise wegen eines Umbaus schließen musste. Auch für Interviews noch vor Ort stand ich zur Verfügung, und diese reihten sich auch nach meiner Ankunft zurück in der Schweiz wie eine Perlenkette aneinander. Nach so langer Zeit allein und dem eher begrenzten Interesse der Medien während meiner Vorbereitung wurde ich von den vielen Anfragen in der ersten Woche nach meiner Rückkehr fast etwas überrollt, versuchte aber dennoch, auf alle Fragen eine Antwort zu liefern.

Nach meiner Rückkehr war es für mich persönlich ein Glücksfall, dass sich das gesellschaftliche Leben in den folgenden Monaten pandemiebedingt beinahe auf ein Minimum reduzierte. Ein Journalist, der seit dem Frühling 2018, also seit Beginn meiner langen Reise, immer wieder mit mir Kontakt hatte, bemerkte, dass ich nicht die besten Karten gezogen habe. Zuerst sei ich fast 75 Tage allein auf See unterwegs gewesen, um dann sogleich wieder allein zu sein. Ich erwiderte schmunzelnd, dass ich ja jetzt bereits Übung im Alleinsein hätte und es im Übrigen eine Luxusvariante sei, denn ich habe einen Kühlschrank, eine echte Dusche, ein Klo mit Spülung und trockene Bettwäsche in einem Bett, das sich nicht dauernd bewegt.

In dieser Zeit las ich eine Unmenge von Büchern und saß oft einfach nur still auf meinem Balkon und betrachtete den Zürichsee. Es tat gut, das Wasser nahe zu wissen und doch nicht mehr darauf rumkurven zu müssen. Anders als auf Miss Universe waren meine Gedankenreisen nun nicht mehr hochemotional. Es war fast so, als hätte ich eine Pause-Taste gedrückt, die mir half, die intensive Zeit auf See etwas sacken zu lassen.

Ich schlief lange unruhig und nur kurz. Erst nach drei Monaten konnte ich wieder regelmäßig durchschlafen und wachte nicht mehr jede Nacht um vier Uhr auf. Gefühlt aß ich wie ein Mähdrescher, nahm jedoch praktisch nicht zu. Ich war immer noch gute fünf Kilogramm leichter als bei meiner Abreise im Dezember und wog weniger als mit 16 Jahren. Irgendwann kippte das System, und mein Körper schien erst da zu begreifen, dass diese zusätzlichen Kalorien verfügbar waren. Als Reaktion darauf brachte ich innerhalb von zehn Tagen plötzlich acht Kilogramm mehr auf die Waage. Irgendwie hatte ich das Gefühl, mein Körper wollte so viel Gewicht wie möglich anhäufen, denn die nächste Hungersnot oder eben Überquerung im Ruderboot würde bestimmt bald folgen. Ganz im Sinne von »Vorsorge ist besser, als nachher wieder die Hose mit Sicherheitsnadeln fixieren zu müssen«.

Auch sonst war das restliche Jahr von Veränderungen geprägt. Ich wurde zur Herausforderung für Bekannte und Freunde, denen ich bis anhin meist meine immer leicht maskierte und angepasste Version gezeigt hatte. Bei jeder Bemerkung, die für mich nicht stimmig war, hakte ich nach und informierte mein Gegenüber, dass ich solche Dinge nicht mehr hören möchte. Dabei fiel mir auf, wie oft in der Vergangenheit mit Aussprüchen wie »Fünfe gerade sein lassen« oder »Nimm nicht alles so bierernst«, die nicht aus einem Nährboden aus Respekt und Liebe erwachsen sind, Aussagen kleingeredet wurden. Und ich hatte nie reagiert. Wahrscheinlich haben mich die lange Zeit auf See und Konfrontationen mit mir selbst wachsam gemacht. Jeder darf sich so äußern, wie sie oder er will. Ich wiederum habe die Wahl, mit wem ich meine Zeit verbringen möchte. So entstanden auch neue, tiefe Freundschaften.

Mir wurde von ehemaligen Ruderern erzählt, dass es über den Daumen gepeilt dreimal so lang wie die Überquerung dauert, bis sich der Körper wieder voll regeneriert hat. Es würde also Herbst werden, bis ich wieder voll bei Kräften sein würde. Lange hatte ich absolut kein Bedürfnis, mich zu bewegen, und geriet schon beim Treppensteigen außer Atem. Auch die Sensibilitätsstörungen in meiner rechten Hand brauchten extra Zuwendung meiner Osteopathin, um zu verschwinden. Meine Hände waren nach einem knappen Jahr wieder in derselben Form wie vor der ganzen Vorbereitung, und ich konnte endlich wieder meine Fingerringe tragen. Sport fand für mich in einer gänzlich neuen Geschwindigkeit statt. Oft war ich wandernd unterwegs, legte häufig Pausen ein und kürzte auch ohne Probleme eine geplante Route ab, um mit dem Bus oder der Bahn die letzte Strecke zurückzulegen. Ich gab meinem Körper die Zeit, die er brauchte, und es fiel mir erstaunlich leicht.

Interessanterweise zeigte ich in anderen Bereichen anfangs nicht dieselbe Geduld mit mir und wollte die Pace hochhalten, mit der ich die Vorbereitung begangen hatte. Ich wollte sofort mit der Bearbeitung meines Videotagebuches beginnen, um mein Erlebtes in Worte fassen zu können und vor allem nichts zu vergessen. Doch das funktionierte nicht, wie ich es mir vorgestellt hatte. Die ersten Versuche, meine Aufzeichnungen anzuhören und anzuschauen, endeten in Übelkeit, im Vermeidungsmechanismus. Ich fand immer sofort einen Grund, mich von meinen Erzählungen abzuwenden, und merkte, dass ich im Gegensatz zur physischen Regeneration für die seelische Verarbeitung noch viel mehr Zeit brauchen würde. Es war eine Illusion zu glauben, am Ziel einer langen Herausforderung »neu geboren« zu sein. Dies wusste ich schon vor Antritt meiner Reise. Mir war bewusst, dass der Ozean etwas mit mir machen, mich prägen würde. Das Ausmaß zu erkennen und anzunehmen, war ein Lernprozess, der nicht so simpel funktionierte wie die physische Erholung.

Die Nabelschau, die Konfrontation mit der eigenen Vergangenheit, den eigenen Schattenseiten, die sich während der Überquerung zeigten, war nur ein Teil der Arbeit. Es kam so viel hoch, drängte sich in meine Wahrnehmung, und die äußeren Umstände wechselten so schnell, dass mir die Zeit zur Verarbeitung auf dem Meer fehlte. Diese folgte erst nachher, in für mich verdaulichen und bewältigbaren Häppchen. Die Verarbeitung und dann die Umsetzung im täglichen Leben waren genauso herausfordernd, wenn nicht noch schwieriger, weil die Ablenkungen Kühlschrank, Netflix, Telefon und Co. fast immer zur Verfügung standen. Und rudern musste ich ja nicht mehr. Plötzlich hatte ich wieder Zeit, etwas anderes zu tun. Wie einfach wäre es gewesen, mich wieder da einzufügen, wo ich aus dem Alltagstrott ausgetreten bin.

Es dauerte beinahe zwanzig Monate, bis ich in Ruhe und ohne Stress alle Videos gesichtet hatte. Ich kann mir gut vorstellen, dass, wenn ich nicht dabeigeblieben wäre und die gut vierzig Stunden Gespräche mit der Kamera gesichtet oder auch die vielen schwierigen Momente auf See gar nicht aufgezeichnet hätte, ich mich abermals auf ein vergleichbares oder sogar gleiches Abenteuer einlassen würde. Denn das Gefühl von Klarheit, Freiheit, Schwere und Leichtigkeit zugleich blieb mir auch im Nachhinein immer erhalten. Dass ein Teil dieser Schwere schmerzhaft ist, und dass der Mensch die Angewohnheit hat, Schmerz und Leid auszublenden und zu ignorieren, ist bekannt. Sich damit auseinanderzusetzen, eine persönliche Entscheidung. Für mich war diese Atlantiküberquerung im Ruderboot ein Geschenk. Eine Erinnerung daran, dass nichts in Stein gemeißelt ist und meine Reise auch ohne Ruderboot weitergeht. Das Leben wird mich immer wieder fordern, und ich habe alle Werkzeuge und das Wissen in mir, jede Herausforderung meistern zu können.

Jeder Mensch hat individuell die Wahl und Möglichkeit, sich allen Aspekten des Lebens zu stellen, den angenehmen wie auch den schwierigen, wann und in welcher Form das auch sein mag. Es braucht dazu kein Ruderboot, und es muss nicht ein Ozean sein.

Jeder überquert den eigenen Atlantik.

Gabis Playlist

Snap! *The Power*
Billy Joel *You May Be Right*
Billy Joel *She's Got a Way*
Mickey 3D *Respire*
Bill Withers *Lovely Day*
Billy Ocean *Suddenly*
Bangles *Eternal Flame*
REO Speedwagon *Can't Fight This Feeling*
Monica *For You I Will*
Edvard Grieg »Morgenstimmung« aus der *Peer Gynt Suite*
Wolfgang Amadeus Mozart *Klavierkonzert Nr. 21*
Roxette *It Must Have Been Love*
Sinéad O'Connor *Nothing Compares 2 U*
No Mercy *Where Do You Go?*
Stevie Wonder *You Are the Sunshine of My Life*
Stevie Wonder *Happy Birthday*
Commodores *Three Times a Lady*
Mariah Carey *Hero*
C+C Music Factory *Gonna Make You Sweat*
ABBA *Dancing Queen*
Tom Petty and the Heartbreakers *Learning to Fly*
Pet Shop Boys *Go West*
Die Toten Hosen *Steh auf, wenn du am Boden bist*
Peter Reber *Trans-Atlantik-Blues*
Europe *The Final Countdown*
Whitney Houston *One Moment in Time*
Canyon City *Boys of Summer*

Becky G, Natti Natasha *Sin Pijama*
Dan + Shay *Nothin' Like You*
Milli Vanilli *Girl You Know It's True*
Susan & Freek *Deze Is Voor Mij*
Gina G *Ooh Aah ... Just a Little Bit*
Eurythmics *Miracle of Love*
Eagles *Hotel California (Acoustic Version)*
Roch Voisine *Apothéose*
Billy Idol *Mony Mony*
Peter Reber *Di alte Sägler*
Moby *The Whispering Wind*
Blank & Jones *Desire (ambient mix)*
Ricchi e Poveri *Mamma Maria*
Umberto Tozzi *Gente di Mare*
Jimmy Cliff *I Can See Clearly Now*
Ralph McTell *Streets of London*
Nick & Simon *Pak Maar M'n Hand*

Downloadlink zu Gabis Playlist auf Spotify

Dank

Die Entstehung dieses Buchs verdanke ich nebst dem Leben auch ganz vielen Menschen in den unterschiedlichsten Momenten.

Ohne die E-Mail von und das folgende Telefonat mit Carsten Polzin, meinem Agenten von Textbaby, das länger dauerte als erwartet, wäre der Schreibprozess wohl noch immer in den Kinderschuhen. Nicht nur die immer positiven Rückmeldungen, sondern auch sein vieles administratives Arbeiten, für das ich nicht geboren bin, haben mir den Rücken gestärkt.

Ich danke dem gesamten Verlagsteam von Eden Books für seine Begeisterung für meine Geschichte, die ich schon beim allerersten Zoommeeting verspürt habe. Danke Nina, Marion, Chiara, Stephanie und Patricia für die Engelsgeduld, das Verständnis, dass das Leben parallel zum Projekt manchmal Zeit und Aufmerksamkeit braucht, und das Vertrauen in mich, dass ich dieses Buch selbst schreiben kann.

Mit Susanne Röltgen als meiner Lektorin hat der Eden Books Verlag ein hervorragendes Händchen gehabt. Noch selten hat mich ein Mensch, ohne mich jemals in echt getroffen zu haben, so gut gespürt, und sie hat mich in einer Form begleitet, wie man sich dies als Neuautorin nicht mal im Optimalfall vorstellen kann. Wiederum bedanke ich mich für die Geduld, das ehrliche Feedback und das Feiern von teilweise sehr ähnlichem Musikgeschmack.

Ohne die Erlebnisse auf dem Meer, während der Vorbereitung auf meine Überquerung und in meinem Leben, wäre dieses

Buch um einiges langweiliger geworden. Zu größtem Dank verpflichtet bin ich allen Menschen, die mit mir an das Gelingen des Unterfangens geglaubt haben. Menschen, die mit ihrem Namen auf meinem Boot mit mir den Atlantik überquert und mit Spenden und guten Gedanken die Reise unterstützt haben. Meinen Sponsoren, die mich und meine Atlantiküberquerung nicht nur finanziell, sondern auch mental und mit viel Enthusiasmus gestärkt haben.

Den vielen Menschen, die mich während meiner Vorbereitung und auf See mit Wissen, viel Geduld und Hingabe unterstützt haben. John und Debby, Nadine, Judith, Nikki, Mark, Dick, Ian, Manfred, Tim und Sue, Marina Numansdorp und Marina Rijnsburg und allen, die mit einem Lächeln oder Worten meinen Weg positiv begleitet haben.

Worte der Dankbarkeit für mein nächstes Umfeld sind nicht genug. Danke.

Meinen Eltern für die Liebe, die mich durchs Leben begleitet wie eine immer brennende Kerze. Für das konstruktive und immer ehrliche Feedback sowie die Offenheit, mit den manchmal unkonventionellen Ideen ihrer Tochter mitzuhalten und zu wachsen.

Meiner Schwester fürs Spüren und da sein, wenn ich es am meisten brauche, die mich den Horizont nicht aus den Augen verlieren lässt.

Meinen Neffen, die mir das Herz immer wieder spontan leicht machen.

Eden Books
Ein Verlag der Edel Verlagsgruppe
Copyright © 2022 Edel Verlagsgruppe GmbH, Neumühlen 17, 22763 Hamburg
www.edenbooks.de
1. Auflage 2022

Einige der Personen im Text sind aus Gründen des Persönlichkeitsschutzes
anonymisiert.

© Gabi Schenkel
Dieses Werk wurde vermittelt durch die Textbaby Medienagentur,
www.textbaby.de

Lektorat: Susanne Röltgen
Korrektorat: Rotkel. Die Textwerkstatt
Gestaltung Umschlag, Bildteil, Karte: FAVORITBUERO, München
Bilder Innenteil: © Gabi Schenkel, bis auf S. 7 oben © Ted Martín /
Atlantic Campaigns
Layout und Satz: Datagrafix GSP GmbH, Berlin | www.datagrafix.com
Druck und Bindung: GGP Media GmbH, Pößneck
ISBN 978-3-95910-353-4

Printed in Germany

Eden Books unterstützt bei der Produktion dieses Buches das Projekt »Junge
Riesen für die nächsten 100 Jahre«. Damit wird ein Anteil der unvermeidbaren
CO_2-Emissionen im direkten Umfeld des Produktionsstandortes kompensiert.

MIX
Papier aus verantwor-
tungsvollen Quellen
FSC
www.fsc.org FSC® C014496